- PASCAL SAUVÊTRE -

LE GUIDE PRATIQUE DES orchidées

ENTRETIEN, REMPOTAGE, SOINS, MULTIPLICATION...

massin

Sommaire

Partie 1 : Introduction

Partie 2 : La culture des orchidées

Partie 3 : Des orchidées à cultiver : De A à Z ou presque !

PARTIE I

Introduction

De la mystérieuse plante sauvage ...à la plante en plastique

Les toutes premières orchidées exotiques ont été révélées aux Occidentaux par les médecins-botanistes qui revenaient de lointaines expéditions. On a rapporté que ces végétaux y vivaient en suspension dans l'éther : les voyageurs européens avaient été trompés à la vue de spécimens qui, arrachés de leurs supports naturels, étaient accrochés dans les habitations indigènes. Il faut dire que ces «filles de l'air» avaient tout pour surprendre : on n'avait jamais vu pareilles plantes avec des fleurs aux formes aussi bizarres, aux coloris si bigarrés et aux parfums tellement subtils.

Ces curiosités végétales furent l'objet de premières introductions dès le XVIIIe siècle dans les jardins botaniques et chez de rares amateurs. Au cours du XIXe siècle, les importations s'accélérèrent du fait de quelques horticulteurs entreprenants, malheureusement au détriment des populations naturelles. La publication d'ouvrages richement illustrés et les expositions horticoles mirent en évidence le caractère absolument extraordinaire de ces plantes tropicales. Les collectionneurs les plus fortunés achetèrent les spécimens exceptionnels à des prix délirants: cette folie des orchidées perdurera jusqu'à la Première Guerre mondiale.

Depuis cette période, grâce à des techniques de production en masse, l'orchidée s'est démocratisée. On la trouve en vente partout, souvent à prix raisonnable, chez le fleuriste, dans les jardineries et même dans les commerces de grande surface. Ainsi la prophétie de l'horticulteur anglais Benjamin Samuel Williams qui, en 1894, annonçait la production d'orchidées par million s'est-elle réalisée de nos jours : chaque année en Europe et au Moyen-Orient en sont vendus quelque 120 millions !

Malgré la banalisation de ces belles tropicales, devenues un produit de consommation comme un autre, quand bien même déclinées en version plastique, elles nous fascinent encore. Aujourd'hui chez vous, sur votre bureau, au coin d'une fenêtre, au bord de la baignoire, elles apportent une indéniable touche d'exotisme et de grand raffinement à votre intérieur.

Le but de cet ouvrage est de vous faire profiter de mes trente années d'expérience avec les orchidées: vous aider à les cultiver avec des moyens très simples et de bon sens, respectueux de l'environnement et de vous-même. C'est également l'occasion de vous faire découvrir que les orchidées, ce ne sont pas seulement des *Phalaenopsis*, et que bien d'autres genres s'avèrent faciles à garder et faire fleurir, que ce soit à la maison ou dans une serre.

1. Une fleur de *Phalaenopsis* en éclaté nous permet de distinguer les pièces florales d'une orchidée : en haut et latéralement en bas les trois sépales similaires, puis de chaque côté les deux grands pétales identiques, en bas le pétale de forme distincte appelé labelle, au centre le pédoncule (vert) portant l'ovaire et la colonne (blanche).

Une orchidée, quézaco ?

Présenter l'immense diversité des orchidées en peu de lignes ressemble à une gageure. Pourtant si on peut dire que dans cette famille de plantes, la diversité morphologique est la règle, il y a une caractéristique qui la rend unique : la fusion entre les organes reproducteurs mâles et femelles au sein de la fleur.

Les Orchidacées ou famille des *Orchis*, comprend près de 30 000 espèces. C'est la deuxième famille végétale la plus diversifiée au monde après celle des Astéracées (anciennement Composées) ou famille des *Aster*, des marguerites et autres pâquerettes, avec plus de 34 500 espèces.

2. Chez les *Paphiopedilum*, le labelle est en forme de poche, ce qui leur vaut en Chine le nom de « Dou Lan » ou « orchidée poche » : ici, *Paphiopedilum malipoense*.

Mais comment reconnaître une orchidée des autres plantes à fleur? (1)

Dans l'immense majorité des espèces, les fleurs possèdent 3 sépales formant le calice (ce que l'on voit quand la fleur est en bouton) et 3 pétales formant la corolle. Les sépales sont généralement de forme et couleur identiques. En revanche, les pétales se distinguent fortement : les deux pétales latéraux sont similaires mais le pétale médian est fortement modifié. Cette pièce florale, souvent plus grande et plus colorée que les précédentes, se révèle très attractive pour les pollinisateurs avec notamment la production d'odeurs et de substances nutritives : ce pétale est dénommé « labelle ». Il prend toutes sortes de formes et a différents aspects : plat, légèrement arqué, fortement incurvé, avec des lobes, des franges, des cils, des callosités, etc.

Pour certains genres, le labelle ressemble à une poche telle que chez les *Paphiopedilum* et les *Phragmipedium* (2).

La résupination désigne le mouvement de rotation à 180° qu'effectue le bouton floral avant son ouverture : le labelle se positionne ainsi horizontalement, en partie basse, de manière à servir de terrain d'atterrissage pour les insectes pollinisateurs. Ce phénomène permet toutes les fantaisies avec les inflorescences de *Phalaenopsis* que l'on tuteure parfois dans des positions contre nature : les fleurs s'orientent malgré tout dans le même plan. Toutes les espèces ne sont pas soumises à la résupination et peuvent présenter des fleurs avec des orientations diverses du labelle. Ici, *Maxillaria augustae-victoriae* du Pérou.

1. Les pollinies sont d'aspect variable en fonction des genres et des espèces : ici, celles de *Maxillaria sanderiana*. C'est par l'intermédiaire de la viscidie, en forme de croissant de couleur pourpre, que les masses polliniques se collent sur l'insecte pollinisateur.

L'autre organe caractéristique de cette famille est le gynostème ou « colonne » : c'est la pièce centrale qui porte les organes mâles ou « pollinies » **(1)** (grains de pollen agglomérés), protégés ou non par un opercule, et à proximité l'organe femelle ou « surface stigmatique », bien souvent une cavité stigmatique. Cet organe tubulaire, plus ou moins arqué, peut se prolonger par un « éperon » **(2)** qui contient du nectar chez les *Angraecum* ou par un « pied » (vestige d'un éperon) chez les *Maxillaria*.

Les orchidées sont toutes des plantes herbacées. Elles sont terrestres et/ou épiphytes **(3)**, vivant alors accrochées à des arbres ou arbustes, voire lithophytes (ou épilithes), c'est-à-dire fixées à la roche. Les épiphytes ne sont pas des plantes parasites, vivant au dépend de la plante hôte comme le font le gui et la cuscute. Cette appellation impropre de « parasites » est tenace aux Antilles et plus généralement dans les pays tropicaux : elle englobe d'ailleurs d'autres végétaux tels que des fougères et des Broméliacées (famille du *Bromelia* et de l'ananas). En revanche, quelques rares espèces d'orchidées non chlorophylliennes sont dites saprophytes et se nourissent de la matière organique décomposée dans le sol. D'autres encore moins nombreuses sont dites « hétérotrophes » et assurent leur nutrition par l'intermédiaire d'un autre organisme : ainsi, l'orchidée indigène *Neottia nidus-avis*, la néottie-nid-d'oiseau **(4)**, met à profit la photosynthèse effectuée par un arbre grâce à un champignon symbiotique.

2. L'éperon qui prolonge la colonne et le labelle de certaines orchidées, ici *Angraecum scottianum*, contient du nectar que seuls les papillons peuvent attraper avec leur trompe.

3. *Rodriguezia secunda* affectionne particulièrement les plantations d'agrumes où elle vit en épiphyte : ici, dans la commune de Cacao, en Guyane française.

4. La néottie-nid-d'oiseau, *Neottia nidus-avis*, a une drôle de vie : elle peut vivre cachée dans le sol pendant 9 années avant que de fleurir et mourir ! Ses fleurs produisent une désagréable odeur doucereuse qui attire les mouches pollinisatrices.

5. *Vanda lamellata* var. *remediosae* est une orchidée monopodiale de grande taille, mesurant plus d'un mètre cinquante. Ses fleurs sont très agréablement parfumées. Ici, dans la serre de collection du Jardin du Luxembourg à Paris.

6. *Paphiopedilum helenae* est une plante cespiteuse qui forme petites touffes serrées. Elle est orginaire du Nord Vietnam où elle a été découverte en 1995.

7. *Ornithidium sophronitis* est originaire du Venezuela. C'est une orchidée de taille réduite avec des rhizomes dressés portant des pseudobulbes tous les 2 à 3 centimètres. Les fleurs ne sont pas odorantes mais produisent un nectar apprécié par les colibris.

8. Les *Pleione* vivent dans les régions montagneuses de l'Himalaya : ils peuvent subir un peu de froid et parfois la neige. Leurs pseudobulbes sont caducs pendant la mauvaise saison.

9. *Maxillaria porphyrostele* du Brésil a des pseudobulbes avec des gaines non foliacées et deux feuilles sommitales.

On distingue deux sortes d'orchidées en fonction de leur mode de croissance : les monopodiales et les sympodiales. Les plantes monopodiales se développent verticalement, avec une tige principale qui porte les racines, les feuilles et les fleurs, et peuvent se ramifier (*Vanda*) **(5)**. Les plantes sympodiales ont un développement horizontal, avec une tige rampante (le rhizome) qui s'enracine, se ramifie et peut porter des tiges secondaires renflées (les pseudobulbes), les feuilles et les inflorescences. Dans cette catégorie, on différencie les plantes cespiteuses, celles qui poussent en touffe, ayant des rhizomes très courts (*Paphiopedilum*) **(6)**, des plantes rhizomateuses qui ont des tiges rampantes portant des pseudobulbes à distance (*Ornithidium*) **(7)**. Il y a un cas d'orchidée lianescente : le vanillier (*Vanilla*) plonge ses racines dans la terre, puis grimpe le long du tronc d'un arbre au moyen de ses racines adventives, pouvant s'élever ainsi jusqu'à 15 mètres de hauteur.

Les pseudobulbes (ou faux bulbes) **(8)** sont des organes de réserve, c'est-à-dire qu'ils stockent des matières nutritives. Ils ont une morphologie très variable, ce qui aide à la distinction entre les genres et parfois les espèces: généralement de forme globuleuse ou ovoïde, plus ou moins latéralement comprimés, entourés de gaines foliacées ou non, surmontés en leur sommet d'une à plusieurs feuilles (*Maxillaria*) **(9)**. Ils peuvent être également longilignes, en forme de «cannes», avec des feuilles qui se répartissent tout du long (*Dendrobium*) **(10)**.

Les orchidées dénuées de pseudobulbes possèdent bien souvent des feuilles épaisses, gorgées de matières nutritives : c'est le cas des *Phalaenopsis*. Certaines orchidées terrestres, à défaut de pseudobulbes, ont développé des racines tubérisées (*Stenorrhynchos speciosum*) **(11)** ou des tubercules.

10. *Dendrobium smillieae* possède des pseudobulbes allongés, en forme de « cannes ». Il provient de Papouasie-Nouvelle Guinée et du nord de l'Australie (Queensland). Ici, dans une culture sous ombrière en Guadeloupe.

11. *Stenorrhynchos speciosum* est une orchidée terrestre, répandue du Mexique jusqu'au Pérou. Elle se présente sous forme d'une rosette de feuilles accrochée au sol par des racines épaisses, tubérisées. Les fleurs, d'un coloris peu commun, ne sont pas odorantes.

1. *Ornithidium uncatum* est une mini-orchidée de 5 centimètres de hauteur, originaire de l'Amérique tropicale. Elle vit en épiphyte, accrochée sur le tronc ou les branches des arbres, souvent en plein soleil. Ses feuilles ont une surface réduite et sont très épaisses pour résister à des conditions de vie ardues.

2. Le labelle de certaines orchidées peut être recouvert de pseudopollen, des grains d'amidon imitant le pollen, très attractif et nourricier pour les insectes pollinisateurs : ici, *Maxillaria nutans* d'Équateur.

Les feuilles ont adopté une multitude de formes, dimensions et textures en réponse à leur environnement : aciculaire (en forme d'aiguille), réduite et coriace pour résister à la chaleur et à la sécheresse (*Ornithidium uncatum*) **(1)**, ou au contraire, largement elliptique et souple pour capter un maximum de lumière en sous-bois (*Govenia sodiroi*).

La majorité des orchidées sont à feuillage persistant, d'autres à feuillage caduc pour éviter la déshydratation en période de repos (*Peristeria ephippium*). Dans de plus rares cas, les feuilles ne perdurent que deux à trois mois et les racines prennent le relais en assurant la synthèse chlorophyllienne (*Chiloschista trudelii*).

Quant à la taille des plantes, cela va du minuscule *Platystele imperialis* du Guatemala mesurant à peine 1 centimètre de hauteur, fleur comprise, à l'énorme *Sobralia altissima* du Pérou dont les fleurs s'épanouissent à 13 mètres du sol !

Mais c'est bien avec leurs fleurs que les orchidées ont fait preuve de la plus grande originalité. Chaque espèce a développé une stratégie particulière en vue d'attirer les pollinisateurs et d'assurer leur perpétuation par voie sexuée. La taille, la forme, la couleur et les odeurs sont les principaux moyens d'attraction, mais il existe bien d'autres façons de persuader un visiteur, notamment avec des éléments nutritifs à disposition comme le nectar sucré et le pseudopollen **(2)** riche en amidon nutritif.

3. *Stanhopea grandiflora* d'Amérique tropicale produit des fleurs de courte durée mais extraordinairement odorantes. Cette espèce fleurit deux à trois fois au cours de l'année au contraire des autres représentants du genre à floraison unique.

En général, les fleurs d'orchidées sont hermaphrodites, c'est-à-dire avec présence des organes mâles et femelles, mais il existe aussi certains cas de fleurs unisexuées comme pour le genre *Catasetum*. Les fleurs perdurent de quelques heures (*Vanilla pompona*), deux à trois jours (*Stanhopea grandiflora*) **(3)** à plusieurs semaines (*Phalaenopsis*). Les espèces dont les fleurs durent peu, refleurissent bien souvent plusieurs fois dans l'année (*Maxillaria rufescens*) **(4)**.

Les orchidées sont majoritairement pollinisées par les insectes : à 80 % par des hyménoptères (abeilles, guêpes) et dans une moindre mesure par des diptères (mouches, syrphes) **(5)**, des lépidoptères (papillons) mais aussi par des fourmis, des criquets, etc. Il existe quelques rares cas de transport des pollinies par les oiseaux : c'est le cas des fleurs nectarifères de couleur rouge, dénuées de senteur, qui sont visitées par les colibris amateurs de sucre, tel *Ornithidium coccineum* **(6)** aux Antilles.

Les fruits ovoïdes ou ellipsoïdes **(7)** des orchidées s'appellent des «capsules» : à maturité, elles s'ouvrent au moyen de trois fentes longitudinales qui laissent échapper les dizaines ou centaines de milliers de graines. Ainsi l'appellation «gousse de vanille» n'est pas correcte botaniquement et fait référence à la forme longiligne de ce fruit; la gousse du haricot s'entrouvre par deux fentes seulement.

4. *Maxillaria rufescens* produit des fleurs qui durent une dizaine de jours, à plusieurs reprises au cours de l'année. Cette orchidée exhale un parfum vanillé très agréable. Originaire d'Amérique tropicale.

5. Les syrphes sont très attirées par les fleurs au coloris poupre et noirâtre, diffusant des odeurs d'humus et de champignon. Nous voyons ici un individu sur *Maxillaria hematoglossa* avec des pollinies collées sur son thorax.

6. Les fleurs d'*Ornithidium coccineum* n'ont pas d'odeur, mais produisent du nectar très prisé par les colibris pollinisateurs. Ici, en Martinique.

7. Cet *Oncidium*, photographié en Équateur, est à la fois chargé de fleurs et de fruits.

1. Un marchand de légumes au Venezuela avec un magnifique *Cattleya mossiae* accroché sur la devanture.

2. *Pterostylis papuana* est une curieuse orchidée terrestre, originaire des Moluques, de Papouasie et des Îles Salomon. Les sépales et les pétales sont soudés ; seul le labelle est mobile à l'intérieur de la fleur. Ici, à 2 500 mètres d'altitude, pic Eilit, Papouasie occidentale.

3. *Anacamptis morio* ou « Orchis bouffon » est une orchidée présente sur tout le territoire français : ici, à Les Montils, en Sologne.

Partout, des orchidées

Des forêts luxuriantes du bout du monde aux rayons fruits et légumes des supermarchés, les orchidées sont partout **(1)** !

On peut expliquer le succès de la famille des Orchidacées sur la planète Terre par le fait de sa grande jeunesse : les premières plantes se sont extirpées de la mer, il y a plus de 400 millions d'années lorsque les conditions furent favorables. La diversification des formes végétales n'a depuis jamais cessé et ce qui nous semble figé aujourd'hui n'est que le résultat d'une longue évolution. Au contraire, les orchidées nous prouvent la continuité de ce processus par le biais de la sélection naturelle, du croisement des individus ou de l'isolement de certaines populations ; ainsi, chaque année, des dizaines de nouvelles espèces sont décrites par les botanistes, parfois découvertes dans des régions déjà explorées auparavant.

On a longtemps dit que les orchidées étaient apparues il y a quinze ou vingt millions d'années. Aujourd'hui, les scientifiques pensent que leur ancêtre commun existait entre 55 et 80 millions d'années.

Les orchidées sont donc partout, enfin presque ! Elles ont colonisé à peu près tous les biotopes, hormis les plus extrêmes : les zones arides et les zones glaciales sont dépourvues de leurs représentants. La répartition des espèces s'avère variable en fonction de la latitude, de la géomorphologie des pays, de l'altitude et de tous les paramètres influençant le climat. On remarque une très forte concentration entre les tropiques du Cancer (30° de latitude Nord) et du Capricorne (30° de latitude Sud) : les pays situés sous ces latitudes et plus particulièrement au niveau de l'équateur sont les plus riches en biodiversité, et de ce fait en nombre d'orchidées, essentiellement des épiphytes. On peut citer la Colombie avec près de 4300 espèces, l'Équateur avec plus de 3800 (1 plante à fleurs sur 5 y est une orchidée !), la Papouasie-Nouvelle Guinée avec environ 3000 espèces **(2)**. En comparaison, les pays de l'hémisphère Nord se révèlent bien moins pourvus : par exemple, en France métropolitaine, on dénombre seulement 160 espèces **(3)** contre au moins 360 espèces dans le département de Guyane française, six fois plus réduit ! L'altitude a son importance : dans les régions tropicales, les orchidées se répartissent du niveau de la mer jusqu'à plus de 3500 mètres d'élévation. La plus forte concentration et diversification des espèces se situe entre 1000 et 1800 mètres d'altitude.

La plupart des genres d'orchidées sont inféodés à une zone géographique : par exemple, les *Epidendrum* ne se trouvent qu'en Amérique tropicale et les *Dendrobium* en Asie tropicale et en Océanie; en revanche, le genre d'orchidée terrestre *Habenaria* **(4)** se rencontre sur tous les continents. Si certaines espèces ont une grande aire de répartition, on a pu constater au contraire que quelques-unes sont restreintes à un territoire très réduit et, de ce fait, leur existence peut être menacée par les activités humaines. Un des exemples les plus connus est celui d'une orchidée équatorienne : *Epidendrum ilense* **(5)** avait été découvert sur un arbre par le botaniste américain Calaway Dodson en 1971. Il en avait prélevé quelques spécimens pour les étudier et six mois plus tard, lorsqu'il revint voir ce site sur la montagne Ila, tout avait été déboisé pour en exploiter la terre. On ne l'a jamais retrouvé depuis. Aujourd'hui, cette espèce est considérée comme éteinte dans la nature : la conservation *ex situ* de cette magnifique orchidée a permis d'en assurer la survie par le biais de la multiplication artificielle.

Dans leurs pays d'origine, les orchidées sont principalement mises en danger par la modification de leur environnement naturel, voire la destruction de leurs biotopes, souvent causées par l'accroissement de l'agriculture (déboisement, écobuage) ou le développement des infrastructures (création de routes, construction de barrage). Elles peuvent être encore victimes de pillage, souvent pour une vente sur les marchés locaux, parfois pour alimenter le trafic international de certains genres très recherchés. Ainsi les *Paphiopedilum*, ou sabots-de-Vénus asiatiques, sont particulièrement concernés et très menacés en raison de la beauté de leurs fleurs : j'ai pu voir, en 2002, sur le marché aux fleurs de Kunming (Yunnan) en Chine, des *Paphiopedilum armeniacum*, *malipoense* et *micranthum* extirpés de la nature, vendus au «prix touriste» de 20 yens pièce, soit 2 dollars... **(6)**

Des mesures de protection concernant le commerce de la flore et de la faune sauvages ont été établies en 1973, et mises en application à partir de 1975. La CITES ou *Convention on International Trade in Endangered Species of Wild Flora and Fauna*, appelée souvent «Convention de Washington», a été signée par 169 pays. Ainsi tout achat d'orchidées provenant hors des frontières européennes doit être accompagné d'un document CITES, tout au moins du numéro d'agrément, prouvant l'origine artificielle de ces plantes. Les *Paphiopedilum* ont été inscrits à l'annexe I de la CITES les protégeant intégralement de tout prélèvement dans la nature.

4. *Habenaria davidii* est une orchidée originaire de Chine centrale et du Sud (ici, au Yunnan) et Népal. Elle a été dédiée au missionnaire lazariste Armand David, botaniste et zoologiste français.

5. *Epidendrum ilense* est une orchidée considérée comme éteinte dans la nature. Ses fleurs sont remarquables avec leur labelle cilié.

6. Une poubelle de *Paphiopedilum* en vente sur le marché de Kunming, Yunnan, Chine.

1. L'Orchis pourpre ou *Orchis purpurea* est très largement présent en Europe et notamment dans le nord de la Grèce.

2. *Cypripedium formosanum* a un curieux labelle en forme de baudruche. C'est une orchidée originaire des montagnes de Taïwan, l'ancienne Formose.

3. *Cypripedium calceolus* pousse dans les forêts claires et humides. L'inflorescence mesure 50-60 cm de haut et la fleur de 4 à 5 cm de diamètre, légèrement odorante. On la rencontre dans toute l'Europe, ici en Côte-d'Or, France.

Orchidée, quel est ton nom ?

Les orchidées doivent leur nom actuel au médecin grec Théophraste, il y a environ 2300 ans : il trouvait que les deux tubercules souterrains de ces plantes ressemblaient quelque peu aux testicules des hommes, d'où le terme *Orchis* **(1)**. Bien plus tard au Moyen Âge, les apothicaires appelaient « couillons » ces plantes indigènes qui étaient censées remédier à divers problèmes sexuels. Nous voyons que les orchidées intéressent les humains depuis fort longtemps, non seulement pour la beauté de leurs fleurs mais également pour leurs vertus thérapeutiques, réelles ou supposées. D'ailleurs jusqu'au cours du XIXe siècle, la botanique était surtout l'affaire des médecins.

C'est l'un d'entre eux, le Suédois Carl von Linné (1707-1778), qui proposa une classification des végétaux à partir de l'organisation des organes sexuels, autrement dit les fleurs. Dans son ouvrage publié en 1753, *Species plantarum*, Linné utilisa un binôme pour dénommer les plantes, notamment 69 orchidées, soit un nom d'espèce associé à un nom de genre. Depuis, cette nomenclature binominale en latin est utilisée par tous les scientifiques mais aussi par les horticulteurs. Elle permet ainsi en deux mots de comprendre de quelle plante on parle, que l'on soit un botaniste chinois ou un orchidophile péruvien.

Aussi ces noms scientifiques un peu compliqués peuvent-ils rebuter plus d'un amateur de belles plantes. Ils sont pourtant indispensables à la communication, car bien plus précis que les noms vernaculaires. Par exemple, le terme « sabot-de-Vénus » désigne autant le genre *Cypripedium* **(2)** que les *Mexipedium*, *Paphiopedilum*, *Phragmipedium* et autre *Selenipedium*, autrement dit des orchidées avec un labelle sacciforme, soit en forme de poche.

En France, l'orchidée indigène *Cypripedium calceolus* **(3)** est appelée Cypripède sabot-de-Vénus, pantoufle de Notre-Dame, sabot de la Vierge, soulier de Notre-Dame. Nous voyons que finalement le latin nous simplifie bien les choses !

Alors comment écrire correctement le nom de votre orchidée sur son étiquette? Les noms inventés par les botanistes sont issus du latin, parfois du grec ou d'autres dialectes latinisés, écrits en italique :

- Avec une majuscule pour le genre : *Phalaenopsis* (du grec *Phalaina* ou Phalène, un papillon nocturne, et *opsis*, apparence)
- Tout en minuscule pour l'espèce : *Phalaenopsis amabilis* (du latin *amabilis*, aimable ou digne d'amour)
- Avec un «subsp.», pour *subspecies*, devant le nom de sous-espèce: *Phalaenopsis amabilis* subsp. *moluccana* (de l'anglais *Moluccas*: une sous-espèce originaire de l'archipel des Moluques)
- Avec un «var.», pour *varietas*, devant le nom de variété : *Phalaenopsis amabilis* var. *aurea* (du latin *aurea*, couleur d'or : une variante avec du jaune sur la fleur)

Pour les hybrides naturels, il y a un petit «x» entre le nom du genre et l'épithète : *Phalaenopsis* x *leucorrhoda* (= *Phalaenopsis aphrodite* x *Phalaenopsis schilleriana*) a été décrit par le botaniste allemand Reichenbach en 1875.

Pour les hybrides artificiels entre deux espèces, entre une espèce et un hybride ou entre deux hybrides, le nom de l'obtention ne doit pas être à consonance latine. Il prend une majuscule et s'écrit en romain : *Phalaenopsis* Claudine Deligne (= *Phalaenopsis* Intermedia x *Phalaenopsis* Marcelle Hein) est un hybride créé par Marcel Lecoufle en 1981.

Une espèce ou un hybride peuvent présenter un individu particulièrement remarquable et identifié comme tel lors d'un jugement de plantes en concours : un nom de clone lui est attribué. Il s'écrit entre guillemets, en lettres romaines et avec majuscule(s) : *Phalaenopsis bellina* 'Star Blush'.

Les étiquettes permettent de conserver le nom des plantes qui y sont rattachées. Elles peuvent contenir différentes informations concernant l'origine du spécimen, une date d'obtention, un numéro de collection, une date de rempotage, etc. Vous pouvez fabriquer ces supports mais ils doivent être conçus dans un matériau durable, permettant de conserver les écrits pendant plusieurs années. Tout a déjà été essayé (bois, verre, métal, minéral) mais finalement, à mon avis, le modèle en plastique souple à piquer est le plus convaincant avec une longévité de 10 à 15 ans.

À l'extrême, j'ai connaissance d'étiquettes en zinc écrites au crayon à mine de plomb qui étaient encore parfaitement lisibles après 75 ans, en passant un doigt mouillé dessus...

4. Dans les collections botaniques, l'étiquetage se doit d'être rigoureux : ici, dans la nurserie de la serre de collection du Jardin du Luxembourg, à Paris.

La taxonomie, ou classification des êtres vivants, est la grande préoccupation des botanistes avec les plantes. Comment mettre de l'ordre dans le désordre apparent de la nature? Pour ce faire, ils disposent d'un immense meuble à tiroirs multiples dans lesquels ils rangent tous les «taxons», soit chaque élément correspondant à un niveau hiérarchique : des «variétés» et «sous-espèces» dans le tiroir «espèces», des espèces dans celui du «genre», le genre dans la «tribu», la tribu dans la «sous-famille», la sous-famille dans la «famille», et ainsi de suite.

Depuis que les taxonomistes s'évertuent à comprendre, décrire et ranger le vivant, la morphologie des végétaux leur a servi de base. Le développement récent de la génétique a chamboulé la compréhension de notre monde biologique : certains genres d'orchidées ont fait l'objet d'une profonde révision taxonomique et le nombre de leurs espèces a pu diminuer (*Oncidium*) ou augmenter (*Cattleya*). Aussi, dans les jardins botaniques, l'étiquetage des plantes se doit d'être à jour; chez les horticulteurs et dans les collections privées, les noms ont beaucoup plus de mal à changer… **(4)**

Pour vérifier le nom de votre orchidée, vous devez consulter le site internet «World Checklist of Selected Families», administré par les Jardins botaniques royaux de Kew (Royal Botanic Gardens Kew), en utilisant simplement les mots-clés «kew monocots». Pour trouver une information sur une orchidée hybride, vous pouvez utiliser le site internet «The International Orchid Register», géré par la Société royale d'horticulture anglaise (Royal Horticultural Society), avec les mots-clés «orchid register».

Mais qu'est-ce qu'un genre, qu'est-ce qu'une espèce? C'est une question cruciale en biologie : il est communément admis que le genre représente un groupe homogène d'espèces qui se ressemblent de manière évidente et qui sont interfécondes. À propos des orchidées, on entend parfois parler d'«espèce botanique» : c'est une expression impropre, utilisée dans l'idée d'une espèce de piètre valeur ornementale mais d'un grand intérêt botanique…

Une très brève histoire de la culture des orchidées

Cinq siècles avant notre ère, les Chinois cultivaient déjà des orchidées en pot **(1)**, particulièrement des *Cymbidium* dont ils appréciaient la gracieuseté du feuillage et la beauté de leurs fleurs odorantes. Maître Kong, alias Confucius, nous a laissé de remarquables écrits sur ces plantes aux charmes exquis **(2)**. Il ne semble pas que les Grecs anciens aient cultivé ce genre de végétaux, mais leurs savants en connaissaient les vertus médicinales : on doit au médecin Théophraste (300 ans av. J.C.) l'invention du nom *Orchis* pour désigner ce genre de plantes, qui donnera plus tard son nom à la famille des *Orchidaceae* (ou Orchidacées en français). Les Romains, qui ont employé les premières serres vitrées dans leurs jardins ou *hortus*, n'ont pas d'avantage entretenu d'orchidées. Ainsi la magnifique potée de *Cymbidium* qui décore le bureau de l'empereur Commode (161-192 ap. J.C.) dans le film *Gladiator* est une pure fantaisie ; la première espèce de ce genre, *Cymbidium ensifolium* **(3)**, a été introduite en Angleterre en 1778 !

Au Moyen Âge et à la Renaissance, on cultivait en plates-bandes quelques *Orchis* ou « couillons » indigènes dans les jardins botaniques rattachés aux écoles de médecine. Pour préparer les potions aphrodisiaques, les « filtres d'amour » et autres remèdes à base d'orchidées, on faisait les cueillettes directement dans la nature.

Qui a dit que les orchidées étaient délicates ? *Bletia purpurea* fut envoyée de l'île de Providence aux Bahamas, à l'état de plante sèche pour la mise en herbier, à destination du botaniste anglais Peter Collinson. Celui-ci estima qu'il y avait encore de la vie dans les pseudobulbes et les confia aux bons soins du jardinier de Sir Charles Wager. La végétation reprit tant et si bien au printemps que la plante fleurit à l'été suivant !

1. En Asie, les orchidées sont mises en valeur dans de belles poteries vernissées posées sur une colonne : ici, *Spathoglottis plicata* au Vietnam.

2. Le motif de l'orchidée, « Lan » en chinois, est depuis l'époque du sage Confucius très apprécié en Chine et encore de nos jours employé dans la décoration des habitations.

3. *Cymbidium ensifolium* a des fleurs au délicat parfum fruité.

1. *Phaius tankervilleae* est une orchidée terrestre largement répandue en Asie tropicale et Océanie : ici, en Papouasie occidentale. Elle fut introduite de Chine en Angleterre en 1778.

2. *Prosthechea cochleata*, ou « orchidée pieuvre », a été rapportée en Angleterre par le célèbre capitaine Bligh en 1793.

Ce sont les voyages des grands navigateurs en Asie et en Amérique au XVe siècle, bientôt suivis par les conquérants et colonisateurs, qui ont fait découvrir la diversité et la richesse de la végétation tropicale aux Occidentaux. On rapporte des tentatives d'introduction à la toute fin du XVIIe siècle et les premiers succès de culture dans le dernier tiers du XVIIIe siècle. La toute première orchidée rapportée vivante en Europe fut *Brassavola nodosa* en 1698, aux Provinces-Unies (Pays-Bas de nos jours), puis *Bletia purpurea* en 1731 en Angleterre. Toutes deux provenaient des Antilles.

À défaut de connaissance sur cette famille de plantes particulières, et par ignorance de leurs milieux naturels d'origine, les jardiniers de la fin du XVIIIe siècle cultiveront maladroitement ces premières orchidées tropicales ; soit en pot avec un substrat terreux trop compact, soit directement en pleine terre, dans des serres plus ou moins bien chauffées. Les orchidées terrestres (*Bletia, Phaius*) **(1)** parvenaient à vivre quelques années dans ces mauvaises conditions et parfois à fleurir, mais les épiphytes (*Epidendrum*), elles, survivaient au mieux quelques mois...

Les introductions de nouvelles espèces s'intensifièrent au début du XIXe siècle, principalement en provenance des colonies et des comptoirs (Antilles, Inde, Chine) à destination de l'Angleterre. Le botaniste anglais William Aiton signalait 15 espèces d'orchidées exotiques en 1789 dans les serres des Jardins royaux de Kew près de Londres. En 1813, il en dénombrait déjà 50.

***Arachnis flos-aeris*, la première orchidée cultivée en France ?**

Le botaniste et agronome André Thouin (1747-1824) a raconté dans l'*Encyclopédie méthodique* de 1787, l'histoire de cet « Angrec » qui fut cultivé pendant un an par l'abbé Nolin dans son appartement parisien. Cette orchidée lui avait été rapportée par un officier français de retour de Chine qui avait reçu cette plante comme un cadeau précieux de la part d'un mandarin. Tenue dans un panier en lattes de bambou tressées, la plante a survécu grâce à quelques arrosements mais dès qu'elle fut placée dans une orangerie, elle succomba par manque de chaleur... Cette orchidée épiphyte ne fut cultivée qu'à partir de 1793 en Angleterre.

Le célèbre capitaine William Bligh a participé à ces transports de plantes. Après le procès concernant la mutinerie des marins de la HMS Bounty, l'amirauté britannique lui rendit son commandement en 1792 et lui confia une mission similaire : rapporter en Jamaïque des plants de l'arbre à pain (*Artocarpus altilis*) de Tahiti. Cette fois-ci, tout se passa bien et le HMS Providence ramena, de retour en Angleterre en 1793, une cargaison de produits et végétaux antillais dont une douzaine d'espèces d'orchidées **(2)**.

Les Français étaient en retard sur les Anglais, déjà sous le règne de Louis XVI. Les désordres de la Révolution avaient provoqué l'affaiblissement de la marine française. Aussi y avait-il trois fois moins d'orchidées dans les serres du Jardin des plantes à Paris à la même époque que dans celles de Kew Garden. Et puis survinrent les guerres napoléoniennes et le blocus anglais ; ces événements ne facilitèrent pas la vie des botanistes et des horticulteurs. Malgré tout, une certaine fraternité entre hommes de sciences et passionnés de botanique permit des échanges des deux côtés de la Manche. Ainsi Aimé Bonpland (1773-1858), botaniste et intendant du domaine de Malmaison, si cher à l'impératrice Joséphine, a pu commander entre 1810 et 1813 une dizaine d'espèces d'orchidées **(3)** aux pépinières Lee & Kennedy près de Londres.

3. *Cypripedium reginae* originaire de l'Amérique du Nord est l'une des orchidées commandées aux pépiniéristes anglais afin d'être cultivées dans les serres de Malmaison pour le bon plaisir de l'impératrice Joséphine.

En cette année 2022, la collection d'orchidées du Jardin du Luxembourg à Paris a 162 années d'existence officielle. Mais au moins une orchidée y était déjà cultivée dès 1840 et quelques autres suivirent.

En fait, l'histoire de cette collection se confond avec celle du Jardin botanique de la Faculté de médecine voulue par le botaniste Achille Richard, et intelligemment entretenue par les jardiniers Baptiste Lhomme et Auguste Rivière, puisqu'elle fut léguée au Sénat en juin 1860 par décret impérial. C'est la seule collection au monde qui puisse présenter encore de nos jours des hybrides d'orchidées datant des années 1890.

La culture de ces végétaux tropicaux était encore très laborieuse au premier tiers du XIXe siècle, mais des améliorations survinrent dans la conduite des serres et des cultures, notamment :

- La généralisation du chauffage au thermosiphon (circulation d'eau chaude dans des tuyaux en fonte sous les tablettes de culture) qui remplace le chauffage avec les poêles à bois.
- L'allègement des substrats avec l'utilisation de la terre de bruyère en petites mottes, de la tourbe fibreuse ou de la sphaigne, auxquelles on ajoutait des brindilles et des fragments de bois.
- L'amélioration des contenants pour les épiphytes avec l'emploi des corbeilles et paniers en treillage de fil de fer **(1)**, des bûches (morceaux de bois) en suspension, ou des pots ajourés en terre cuite.

Le principal problème qui persista encore jusqu'à la moitié de ce siècle concernait la température dans les abris. Les agronomes et les botanistes étaient persuadés que les orchidées vivaient forcément sous des tropiques chaudes et humides.

1. *« Paniers suspendus pour les Orchidées »* en treillage de fil de fer, en noix de coco et en coquillage, dans l'ouvrage *Figures de l'Almanach du Bon Jardinier* de Joseph Decaisne, en 1850.

plus serré, de manière à ce qu'il se trouve caché par les fleurs. On voit dans les salons une sorte de jardinière, dont voici la description : c'est une table supportée par des roulettes, élevée de 0m.63 environ, large de 0m.30, et d'une longueur facultative ; elle est entourée d'un bord haut de 0m.10 à 0m.15, et forme une caisse dans laquelle on place des fleurs dont les pots sont cachés par de la mousse. Au moyen des roulettes, ce petit parterre ambulant se meut facilement dans toutes les directions, et se place partout où l'on veut.

Nous recommandons l'usage de placer des fleurs en pot dans le foyer même de la cheminée pendant l'été ; rangées avec art sur un gradin fait exprès, elles produisent un effet charmant.

Paniers suspendus pour les Orchidées. La culture de ces plantes bizarres, si dignes des soins des amateurs par leur excentricité, suggère à chacun diverses inventions plus ou moins heureuses. Les paniers dont nous donnons les dessins sont appropriés spécialement à diverses tribus d'Orchidées. Le premier, fig. 477, est en fil de fer ; on le remplit de terre de bruyère

quilles élégamment disposées. Ils conviennent aux Orchidées de petites dimensions ; le compost qu'ils renferment est garni à sa surface de *Lycopodium denticulatum*, dont l'élégante verdure produit un très bel effet.

Corbeille en fil de fer pour placer et suspendre les Orchidées, fig. 481.

Pots à plantes, fig. 482. Un amateur a imaginé de perfectionner les pots en faisant pratiquer à l'extérieur de leur fond deux sillons ou rigoles en croix, afin que l'eau des arrosements qui s'échappe par le trou du fond puisse s'écouler et ne pas séjourner sous le pot, où elle produit ordinairement une humidité qui, dans certains temps, devient nuisible à beaucoup de plantes.

Les serres dédiées à la culture de ces plantes particulières étaient comme de véritables étuves, d'ailleurs appelées *stoves* en anglais ! Il faudra attendre le retour de naturalistes européens, notamment le Luxembourgeois Jean-Jules Linden (1817-1898) en 1845, pour obtenir non seulement de nouvelles espèces mais aussi des précisions quant à leur environnement naturel : des notions d'altitude et, en corrélation, de température. C'est ainsi que l'on a compris que les orchidées ne poussaient pas seulement dans les forêts des basses-terres où règnent chaleur et humidité, mais également dans les prairies fraîches et venteuses des plus hautes montagnes.

C'est à partir de cette période que de grandes collections publiques et privées se distinguent en Angleterre principalement, en Allemagne et en Belgique. En France, on peut citer celle du jardin botanique de la Faculté de médecine de Paris avec 1200 espèces et variétés en 1859, chez l'armateur Quesnel **(2)** au Havre avec 800 taxons en 1847, chez le banquier Pescatore à La Celle-Saint-Cloud avec 783 taxons en 1849.

Les échanges commerciaux avec l'Asie et l'Amérique s'intensifièrent grâce au développement de la navigation à vapeur dans les années 1860, permettant un transport plus rapide des plantes vivantes. Les orchidéistes européens envoyèrent des chasseurs de plantes dans les contrées les plus lointaines pour dénicher l'orchidée la plus belle, la plus rare et donc la plus intéressante financièrement. Cette course au profit a provoqué des pillages éhontés dans la nature.

2. *Encyclia phoenicea* a été introduit en 1845, de Cuba en France, par l'armateur havrais et collectionneur d'orchidées Alfred Quesnel. Les fleurs de cette orchidée exhalent une délicate senteur de chocolat et de vanille pendant les heures les plus chaudes.

À ce sujet, je cite ici un passage édifiant qui fut publié en 1885 dans la revue *Lindenia* de l'horticulteur belgo-luxembourgeois Linden, puis repris par L'*Orchidophile* de Godefroy-Lebeuf en France : « [...] les collecteurs écrivent que les brillantes espèces de *Cattleya* et de *Laelia* deviennent rares dans l'île Sainte-Catherine [au Brésil]. Elles y sont recueillies en telle abondance, que certaines d'entre elles, comme le *Laelia elegans*, par exemple, ne sont presque plus trouvables. Les habitants propriétaires des forêts, voyant que l'on tire parti avantageux de ces plantes, ne permettent plus d'en collecter sans qu'on leur paie un droit...

Certains districts naguère riches en orchidées ne le sont plus aujourd'hui. La grande faute ne provient cependant pas des orchidées expédiées en trop grande quantité en Europe, mais des collecteurs qui après avoir collecté le nombre voulu, mettent le feu aux forêts en détruisant les places des plantes pour que ces mêmes espèces ne soient pas retrouvées par d'autres [...] » **(3)**

La classe bourgeoise en plein essor au XIXe siècle permit le développement d'une horticulture de luxe.

Les plus fortunés constituaient des collections de tableaux, de livres rares, achetaient des chevaux de course et des vignobles réputés, pour certains des plantes tropicales. Il y eut de fameux amateurs de broméliacées ou de cactées, mais les plus renommées furent les collections d'orchidées. On parle à cette époque d'orchidomanie, trois siècles après la délirante tulipomanie qui sévit aux Pays-Bas. Les prix faramineux atteints lors des ventes aux enchères témoignent du très grand engouement pour ces plantes.

3. Vue de la baie de Rio de Janeiro au Brésil en 1836. C'est de cette grande ville portuaire que de nombreuses orchidées du Sud-est brésilien seront expédiées vers l'Europe, notamment l'Angleterre, la Belgique et la France, à partir des années 1830.

1. *Calanthe* Dominyi est le premier hybride horticole : il fut obtenu en 1858.

La réussite de premiers semis d'orchidées permit ensuite la création d'hybrides horticoles. Le jardinier anglais John Dominy (1816-1891) réalisa le croisement entre *Calanthe furcata* et *Calanthe masuca* en 1853 pour l'horticulteur Veitch : l'hybride *Calanthe* Dominyi **(1)** fleurit en 1858. Le jardinier français Auguste Rivière (1821-1877) le suivit de peu avec un croisement de *Laelia crispa* par *Laelia cinnabarina* en 1857, fleurissant en 1863. Cet hybride ne fut enregistré qu'en 2004 par le célèbre orchidéiste Marcel Lecoufle (1915-2016), de Boissy-Saint-Léger (Val-de-Marne) avec le nom *Laelia* Auguste Rivière.

Le jeune Auguste Rivière avait été un précurseur en matière de pollinisation et de semis d'orchidées : il avait déjà réussi un croisement entre *Lycaste skinneri* et *Lycaste aromatica* en 1848. Il dut malheureusement abandonner ses expériences, car le chef-jardinier Baptiste Lhomme, du Jardin botanique de l'école de médecine de Paris, craignait de perdre les plantes portant des fruits. Cet hybride fut reproduit presque 60 ans plus tard chez l'horticulteur anglais Sander et enregistré en 1912, avec le nom *Lycaste* Spectabilis.

1. Un flacon avec des plantules de *Maxillaria huntii* prêtes à être sorties pour le repiquage en terrine.

Une grande avancée fut la découverte du secret de la germination des graines. Auparavant, les jardiniers semaient le contenu des fruits au pied des plantes-mères (ou plantes porte-graines), seule façon d'obtenir quelques plantules. Ils avaient ainsi constaté des germinations spontanées, mais ne réussissaient jamais leurs semis en terrines comme pour les autres végétaux. Ce mystère fut résolu en 1899 par le biologiste Noël Bernard (1874-1911) qui observa des graines germées de l'orchidée indigène *Neottia nidus-avis* en forêt de Fontainebleau. Il découvrit que les semences étaient envahies par *Rhizoctonia*, un champignon symbiotique. À partir de cette révélation, on a pu améliorer les semis horticoles grâce à des substrats mycorhizés, c'est-à-dire ensemencés avec le champignon indispensable au développement de l'embryon des graines. Dans les années 1920-1930, les travaux de l'Américain Lewis Knudson (1884-1958) permirent l'élaboration de substrats asymbiotiques, riches en sucres et autres éléments nutritifs. Ces milieux artificiels sont depuis universellement utilisés en culture in vitro **(2)**.

Les dernières grandes collections d'orchidées françaises disparurent petit à petit après la Première Guerre mondiale : de nombreux jardiniers spécialisés étaient morts au combat, des grandes propriétés et leurs serres, détruites. La crise financière de 1929 finit par freiner le développement de ces cultures de luxe.

Il faut attendre les années 1960-1970 pour constater un renouveau de l'horticulture en France, et notamment de la production d'orchidées, grâce à la mise au point du clonage par le professeur Georges Morel (1916-1973). C'est par cette technique qui permet la multiplication des végétaux à grande échelle que de nos jours on peut trouver des *Dendrobium*, *Miltoniopsis* et autres *Phalaenopsis* vendus à prix modique.

En 2021, les orchidées ont conquis la première place des ventes de fleurs et potées fleuries **(3)**, alors qu'elles occupaient la deuxième place en 2011, détrônant ainsi les roses et rosiers auparavant tant appréciés par les Français.

En ces temps où la notion de développement durable fait sens, on peut critiquer les méthodes de production intensive, consommatrices de matières premières non renouvelables et très énergivores.

Pourtant en horticulture, se produit une réelle prise de conscience et de grands changements sont en cours avec des cultures conduites à température modérée, le recyclage des eaux fertilisées, l'abandon progressif des produits phytosanitaires et l'augmentation de la lutte biologique. L'histoire de leur culture n'est pas terminée et imaginons qu'un jour nous parlerons peut-être des orchidées produites sur la planète Mars !

2. *Les Phalaenopsis* sont devenus des plantes de consommation courante.

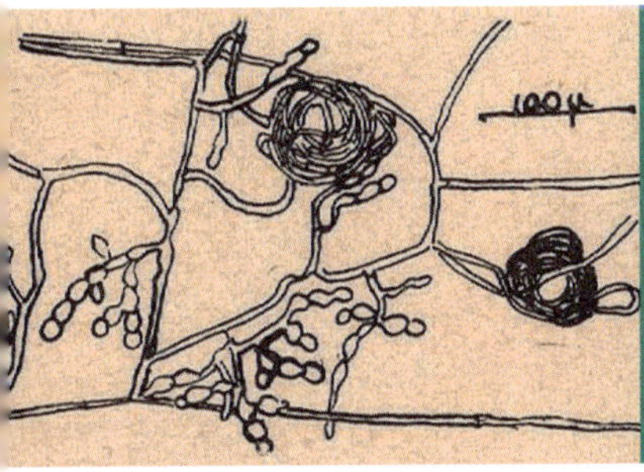

La symbiose correspond à l'association de deux êtres vivants différents dont les interactions sont équilibrées : aujourd'hui, on dirait que c'est une relation « gagnant-gagnant » ! Ainsi le champignon microscopique *Rhizoctonia* permet-il, dans la nature, le développement de l'embryon d'orchidée en lui apportant involontairement des matières carbonées, des sucres. À mesure que la plantule se développe, le champignon reste confiné dans les tissus végétaux sous forme de pelotes. Ainsi peut-on comprendre le succès des semis pratiqués autrefois au pied des plantes-mères : les graines laissées à la surface des pots se voyaient à leur tour colonisées, comme ici par *Rhizoctonia repens* (dessin de Noël Bernard).

1. *Paphiopedilum* Macabre

2. *Maxillaria schunkeana*

Le mythe de l'orchidée noire

Quelle est l'origine du mythe de l'orchidée noire, véritable fantasme chez quelques orchidophiles ?

Il se pourrait que cette légende soit liée à la vanille, orchidée bien connue pour ses fleurs jaunâtres ! Effectivement, bien avant que l'on ne voie une première floraison de cette liane tropicale en Occident à la fin du XVIIIe siècle, on a longtemps cru que ses fleurs étaient aussi sombres que ses fruits.

Dans son ouvrage consacré aux plantes mexicaines, le médecin espagnol Francisco Hernández (1515-1578) avait évoqué le vanillier et « ses fleurs noires ». En fait, c'était une erreur d'interprétation du terme *Tlilxochitl*, nom indigène Nahuatl (Mexique), qui signifie bien « fleur noire ». Cependant dans les langues amérindiennes, un terme peut désigner à la fois plusieurs choses tout comme plusieurs termes peuvent ne désigner qu'une seule chose. Dans le cas présent, il est employé pour désigner à la fois le vanillier (la plante qui produit les fleurs donnant des fruits comestibles) et la vanille (la petite « gousse » noire odorante).

Pour autant, de nos jours, certains collectionneurs d'orchidées sont en quête de spécimens à fleurs noires... qui n'existent pas ! La couleur noire est rarissime dans la nature, car les fleurs ont besoin de couleurs chatoyantes pour attirer les pollinisateurs.

Aussi certains horticulteurs se sont-ils attachés, depuis une trentaine d'années, à obtenir par voie de croisement et de sélection de nouveaux hybrides aux fleurs très sombres. Le résultat est souvent surprenant, mais ces fleurs relèvent plus du pourpre violacé très foncé que du vrai noir.

En voici quelques-unes parmi les plus étonnantes :

- *Cymbidium* Cali Night
- *Fredclarkeara* After Dark
- *Monnierara* Millenium Magic 'More Black'
- *Paphiopedilum* Macabre **(1)**

Certaines espèces produisent naturellement des fleurs pourpre foncé : *Maxillaria schunkeana* **(2)** est certainement l'une des plus remarquables. Découverte en septembre 1990 dans l'état d'Espirito Santo au Brésil, cette petite orchidée connaît un grand succès auprès des orchidophiles depuis une vingtaine d'années.

Finalement, *Coelogyne mayeriana* **(3)** et *Coelogyne pandurata* sont les seules orchidées qui produisent cette non-couleur : leurs fleurs vertes possèdent un labelle veiné d'un noir profond !

3. *Coelogyne mayeriana*

4. Les Papous, hommes et femmes, employent des orchidées pour l'ornementation corporelle : ici, un bâton où sont fixés des *Dendrobium cuthbersonii* pour orner la chevelure.

Des orchidées bien utiles

Depuis l'aube de l'humanité, les Hommes explorent les espaces naturels et en exploitent les ressources. Les plantes ont été indispensables à leur vie : pour se nourrir et se soigner, construire des abris, fabriquer des objets, orner les corps et décorer leur proche environnement. Aujourd'hui, dans nos sociétés modernes, le rapport au végétal a changé : les plantes restent toujours indispensables pour l'alimentation mais, pour le reste, elles ont été remplacées par bien des matières synthétiques.

De nos jours encore, dans les sociétés traditionnelles des régions tropicales, là où les orchidées se comptent par milliers d'espèces, elles participent toujours aux activités humaines.

Ainsi en Papouasie-Nouvelle Guinée où l'on recense près de 3000 espèces, ai-je pu en voir l'usage quotidien lors d'un voyage en 2005: *Dendrobium cuthbersonii* aux jolies fleurs rouges orne la chevelure des femmes et des hommes **(4)**, les fibres jaunes obtenues avec certains *Dendrobium* servent à confectionner des bracelets ou attacher les pointes de flèches, *Dendrochilum longifolium* avec ses longues grappes de fleurs pendantes décore le sommet des palissades et le toit des cases, *Phaius tankervilleae* et *Spathoglottis plicata* **(5)** aux feuilles de grand développement servent à envelopper les aliments pour la cuisson à l'étouffée.

5. *Spathoglottis plicata*, orchidée terrestre largement présente dans toute l'Asie tropicale et l'Océanie. En Papouasie, ses grandes feuilles sont utilisées pour envelopper les aliments cuits à l'étouffée, dans un four creusé à même le sol.

1. Les fleurs de *Leptotes bicolor* ne sont pas odorantes, mais le fruit à maturité exhale une agréable odeur d'amande et de foin coupé.

2. *Dendrobium chrysotoxum*

Des orchidées que l'on mange

La vanille est l'orchidée la plus communément consommée de par le monde. Depuis des temps très anciens, le fruit était employé en Méso-Amérique par les Aztèques pour adoucir l'amertume de la « boisson des Dieux » ou *Xocolotl*, le chocolat. Ce sont les Conquistadores qui en révélèrent l'usage aux Occidentaux. Les premières « gousses » de vanille furent apportées à la cour d'Espagne en 1519 : une curiosité parmi les objets en or et les parures en plumes de perroquets.

Une petite orchidée du Brésil, le *Leptotes bicolor* (1), est un succédané de la vanille. Ses fruits développent une odeur assez similaire, car ils sont très riches en coumarine. Ils sont utilisés pour parfumer des crèmes glacées, des pâtisseries et le thé.

Le *salep* est un autre exemple bien connu et plus proche de nous. Les tubercules de différentes espèces d'*Orchis* et d'*Ophrys* sont réduits en poudre afin d'épaissir et agrémenter des boissons, des gâteaux et des crèmes glacées. On en fait usage depuis l'Antiquité dans le bassin méditerranéen oriental, essentiellement à cause de prétendues propriétés aphrodisiaques. Aujourd'hui, le *salep* est encore utilisé en Iran et en Turquie au détriment des populations d'orchidées sauvages.

Des orchidées qui soignent

- ***Bletilla striata* :** l'orchidée jacinthe, présente en Chine, en Corée et au Japon, dont les rhizomes contiennent des polysaccharides permettant une bonne hydratation de la peau. Ils sont nettoyés, bouillis, séchés, puis réduits en poudre. Cette poudre est utilisée contre l'acné, les brûlures, les cicatrices. Elle a une action hémostatique.
- ***Dendrobium chrysotoxum* (2) :** orchidée originaire de Chine, du Laos, de Thaïlande et du Vietnam, dont les fleurs et les tiges sont utilisées pour restaurer les équilibres, renforcer le système immunitaire et lutter contre le diabète. Plusieurs espèces de *Dendrobium* ont de véritables qualités médicinales et font ainsi partie de la pharmacopée traditionnelle chinoise.

3. *Ornithidium densum*

4. *Vanda coerulea*

- ***Ornithidium densum*** **(3)** : du Mexique et d'Amérique centrale, cette orchidée est employée par les populations indigènes pour soigner les maux de ventre. C'est grâce à la présence de molécules dérivées du phénanthrène qui possèdent des vertus thérapeutiques : le gymnopusin à l'action antispasmodique, le fimbriol A et l'érianthridine aux propriétés anti-inflammatoires. De nos jours, les chercheurs s'intéressent à l'action cytotoxique du phénanthrène contenu dans cette plante pour lutter contre les cancers, particulièrement la leucémie.
- ***Vanda coerulea*** **(4)** : cette orchidée présente en Birmanie, en Inde et en Thaïlande fait l'objet de recherches approfondies par l'industrie cosmétique afin de lutter contre le vieillissement cutané. Les polyphénols présents dans cette plante, particulièrement le resvératrol, sont anti-oxydant, anticholestérol, anticancérigène. On retrouve ce polyphénol en grande quantité dans le raisin rouge (cépage Pinot noir) ou dans le pruneau : on comprendra aisément que la crème de soins à l'orchidée est commercialement plus attractive !
- ***Vanilla planifolia :*** originaire de l'Amérique tropicale, cette orchidée produit non seulement des fruits comestibles, mais elle est également utilisée dans les pharmacopées traditionnelles. En Colombie, dans la région de Cordoba, la racine est râpée et macérée dans l'eau pour soigner les ophtalmies. La vanilline contenue dans les « gousses » est réputée cholérétique (favorise la digestion), anti-inflammatoire, anti-bactérienne et psychotonique. Elle pourrait avoir une action sur les cancers du sein, du foie et du côlon.

Parfum d'orchidées

Julien-Joseph Virey (1775-1846), pharmacien et naturaliste, inventeur de la chronobiologie, écrivait en 1820 à propos des orchidées: «Aucune autre famille de végétaux n'est plus riche en parfums délicieux, comme aucune n'offre les fleurs les plus bizarres et les plus curieuses...»

Nous avons là un rare témoignage de scientifique touché par la délicatesse et la diversité des fragrances émises par ces plantes. Les botanistes du XIXe siècle ont rarement tenu compte de cette qualité qui varie pourtant grandement au niveau des espèces. On considère aujourd'hui que plus de 75 % des orchidées sont odorantes; ce qui ne veut pas dire que les autres ne le sont pas, mais plutôt que leur parfum n'est pas perceptible pour le système olfactif humain.

Les odeurs produites par les fleurs sont intimement liées à la reproduction; elles complètent une stratégie élaborée (forme, couleur, nourriture), fruit de la sélection naturelle, pour attirer les pollinisateurs, majoritairement des insectes.

En 1966, les botanistes américains Dodson et Hills avaient analysé les sécrétions odorantes de plusieurs espèces du genre *Stanhopea* **(1)**, originaire d'Amérique tropicale. Ils ont découvert quelque 50 composants chimiques et ont démontré que chaque espèce produit sa propre odeur. Plus récemment, en 1983, il a été prouvé que les abeilles euglossines mâles, pollinisatrices de nombreuses orchidées dont les *Stanhopea*, se servaient des molécules odorantes de ces fleurs pour fabriquer leur propre parfum afin d'attirer les abeilles femelles.

Les stimuli olfactifs sont généralement corrélés aux stimuli visuels: ainsi les fleurs aux coloris sombres (marron, pourpre) émettent généralement des odeurs fortes, parfois nauséabondes, mais très attractives pour les diptères (mouches).

1. *Stanhopea stevensonii*, originaire de Colombie, a des fleurs puissament odorantes, à l'instar des autres espèces de ce genre.

2. *Bulbophyllum medusae* de Thaïlande et Malaisie : les fleurs ont une désagréable odeur spermatique.

3. *Maxillaria bicallosa* se distingue par ses petites fleurs pourpres diffusant une odeur de crotte de chien.

4. *Phalaenopsis javanica*, très rare en culture, est une espèce agréablement odorante.

Le genre *Bulbophyllum* est réputé pour avoir des espèces dont les fleurs odoriférantes produisent au mieux des senteurs désagréables **(2)**: ainsi *Bulbophyllum nymphopolitanum* produit une odeur de charogne! Mais d'autres genres peuvent surprendre également: les fleurs de *Maxillaria* sentent généralement très bon, néanmoins quelques espèces se sont attachées le service des mouches: *Maxillaria bicallosa* exhale un fumet digne de la plus belle crotte de chien **(3)**!

J'ai souvent entendu dire que «les orchidées, ça ne sent rien!» et je me suis toujours attaché à prouver le contraire. Ce n'est pas que ces personnes n'avaient pas d'odorat mais que derrière le nom «orchidée» se cachait à 99% un *Phalaenopsis* hybride. Pourtant, certaines espèces de *Phalaenopsis* produisent un effluve agréable, notamment *Phalaenopsis javanica* **(4)**, mais ce genre a été tellement hybridé depuis 50 ans qu'il en a perdu son odeur. C'est un phénomène récursif en horticulture: on pratique l'hybridation à outrance pour obtenir de plus grandes et belles fleurs, au détriment de leur parfum. Cela s'était produit auparavant avec les rosiers dans les années 1960-70; de nos jours, la nouvelle tendance est de retrouver ces senteurs disparues.

1. *Catasetum integerrimum*

2. *Coelia bella*

3. *Coelogyne cristata*

4. *Cymbidium sanderae*

Quelques senteurs d'orchidées

Les parfumeurs utilisent un vocabulaire spécifique pour évoquer les parfums : balsamique, boisé, crésolique, phénolique, poudré, terpénique, etc.

J'ai eu le plaisir de partager avec certains d'entre eux les sensations olfactives induites par les fleurs d'orchidées. Je peux témoigner qu'ils ont été surpris d'une telle diversité de fragrances, aux notes souvent très fines et élaborées.

Dans le monde des cosmétiques, on utilise parfois le terme « parfum d'orchidée » pour mieux vendre le produit; mais de quoi parle-t-on alors? De la senteur de vanille? Ou sinon de quelle espèce parmi les 30 000 connues à ce jour?

Voici une évocation de quelques espèces pour vous faire découvrir toute la diversité odoriférante chez les orchidées :

- ***Catasetum integerrimum*** **(1)** est originaire du Mexique et de l'Amérique Centrale. Ses fleurs produisent une étonnante senteur mentholée, à la note herbacée et poivrée qui peut faire penser au fameux « Hollywood chewing gum » !
- ***Coelia bella*** **(2)** nous vient également du Mexique et de Méso-Amérique. La floraison a le défaut d'être assez brève, mais les fleurs délivrent une puissante odeur d'amande très agréable, comme un souvenir d'école avec la fameuse colle Cléôpatra !
- ***Coelogyne cristata*** **(3)** vit sur les contreforts de l'Himalaya, au nord de l'Inde et au Bangladesh. Son abondante floraison de fin d'hiver emplit la serre froide de son parfum puissant, floral et un peu épicé : c'est une très suave évocation de lys blanc et de muscade.
- ***Cymbidium sanderae*** **(4)** est endémique du Vietnam. Ses belles et grandes fleurs de 8 à 9 centimètres d'envergure exhalent un doux parfum printanier évoquant la primevère ou la jonquille.

5. *Dendrobium harveyanum*

6. *Laelia autumnalis*

7. *Lycaste aromatica*

8. *Maxillaria ferruginea*

9. *Maxillaria pfisteri*

- ***Dendrobium harveyanum*** **(5)** se rencontre dans le sud-est de la Chine (Yunnan), en Birmanie, en Thaïlande et au Vietnam. Les fleurs ont un aspect particulier avec les marges fortement ciliées des pétales et du labelle. L'odeur acidulée qu'elles diffusent rappelle celle du savon de Marseille et du colza.
- ***Laelia autumnalis*** **(6)** est une plante très prisée au Mexique pour sa belle floraison d'automne : elle symbolise la fête des morts et se fait appeler localement « Flor de los Muertos ». Le coloris habituel des fleurs de cette espèce tire sur le mauve ; nous voyons ici une variante blanche dénommée 'Ana Lilia'. Son parfum est un peu gras et fleuri, évoquant le suif et la violette.
- ***Lycaste aromatica*** **(7)** se trouve du Mexique au Nicaragua. Les fleurs peuvent être d'un coloris jaune verdâtre à jaune orangé. Elles exhalent une délicieuse odeur de cannelle qui leur a valu le nom de « canellitas ». J'ai découvert avec étonnement une recette de paella agrémentée des fleurs de cette orchidée.
- ***Maxillaria ferruginea*** **(8)** est une orchidée originaire de Colombie et d'Équateur. Ses petites fleurs de 2 centimètres d'envergure ont une odeur discrète mais à la note puissante, évoquant quelque peu le jambon fumé… ou la chaussette de randonneur !
- ***Maxillaria pfisteri*** **(9)** provient du Brésil et du Pérou. Il produit une abondante floraison en avril-mai avec une senteur très agréable mais très forte lorsque la température dépasse 20 °C, à la note fruitée, anisée, rappelant sans conteste le Pastis !

1. *Maxillaria pulla*

2. *Mormolyca richii*

3. *Neomoorea irrorata*

- ***Maxillaria pulla* (1)** se rencontre dans tout l'Ouest de l'Amérique du Sud, du Venezuela au Pérou. Ses nombreuses fleurs s'épanouissent toute l'année et exhalent une senteur désagréable, métallique, faisant penser à l'odeur du poisson (mucus)...
- ***Mormolyca richii* (2)** a été découvert en 1990 en Équateur. Ses petites fleurs odorantes ont un joli contraste de couleur, entre vieux rose et orangé. Leur odeur phénolée rappelle curieusement celle de l'encre de Chine ou de la gouache.
- ***Neomoorea irrorata* (3)** nous vient de Panama, de Colombie et d'Équateur. C'est une plante de grande taille et ses inflorescences ne sont pas moins impressionnantes : les fleurs produisent une odeur forte, un peu herbacée qui peut sembler légèrement écœurante.
- ***Osmoglossum pulchellum* (4)**, renommé *Cuitlauzina pulchella* depuis 2003, vit dans les forêts de montagne du Mexique au Salvador. Les petites fleurs de 3 centimètres de diamètre exhalent une senteur florale, légèrement acide et un peu soufrée, évoquant le muguet.
- ***Paphiopedilum delenatii* (5)** est une orchidée endémique du Vietnam. Les fleurs d'un coloris rose très doux ont un parfum léger et agréable, fleuri et fruité à la fois, rappelant la fraise et un peu la rose.

4. *Osmoglossum pulchellum*

5. *Paphiopedilum delenatii*

6. *Papilionanthe vandarum*

7. *Prosthechea citrina*

8. *Sarcoglottis acaulis*

9. *Tuberolabium odoratissimum*

- ***Papilionanthe vandarum*** **(6)** se rencontre dans le sud de la Chine, en Birmanie, dans le nord-est de l'Inde et au Népal. Ses belles fleurs blanches de 4 à 5 centimètres d'envergure ont une senteur très délicate, florale, évoquant le lys blanc.
- ***Prosthechea citrina*** **(7)** vit en épiphyte dans les forêts de montagne au Mexique. Elle a la particularité d'avoir un port pendant et ses fleurs s'orientent vers le sol. Elles produisent un parfum remarquable, très sucré et légèrement acide, comme une tarte au citron !
- ***Sarcoglottis acaulis*** **(8)** est une orchidée terrestre que l'on trouve en Amérique Centrale et en Amérique du Sud. La plante, réduite à une large rosette de feuilles, développe une inflorescence de 40 à 50 centimètres de hauteur portant des fleurs à la senteur agréablement acidulée, rappelant la citronnelle.
- ***Tuberolabium odoratissimum*** **(9)** est ce que l'on peut appeler une mini-orchidée, originaire de Java. Elle produit une délicate odeur légère et fruitée, comme une évocation d'amande et de noix de coco.

1. Vandopsis gigantea

- ***Vandopsis gigantea*** **(1)** est une orchidée monopodiale de grand développement, un mètre cinquante et plus de hauteur, en provenance de l'Asie tropicale (Birmanie, Chine, Malaisie, Vietnam). Ses fleurs sont de texture épaisse, mesurent 5 centimètres de diamètre et exhalent une discrète senteur, à la note un peu terreuse, légèrement sucrée, rappelant les épluchures de carotte.

Mis à part les fleurs, d'autres organes végétaux peuvent être odorants : par exemple, les racines de *Maxillaria longissima* dégagent une odeur verte, fraîche et épicée de coriandre. Il a été dit que les pseudobulbes de *Gomesa varicosa* produisent une senteur vanillée aux heures les plus ensoleillées. Au contraire, les pétioles et feuilles de *Coelogyne verrucosa* dégagent une odeur moins agréable de musc lorsqu'il fait chaud et humide. Les feuilles de *Jumellea fragrans*, contenant de la coumarine, dégagent une forte et agréable senteur d'amande et de foin: à La Réunion, on les fait macérer pour obtenir le fameux «rhum arrangé» ou on les fait sécher pour en faire un «thé».

Les fleurs et les fruits odorants des orchidées ont depuis longtemps été utilisés par les populations des contrées tropicales : en Amérique du Sud, les fruits de *Selenipedium* à la senteur vanillée, servaient à parfumer la chevelure des femmes indigènes. À Cuba, on utilisait anciennement les fruits de *Vanilla aromatica* pour agrémenter le tabac.

En Chine, les fleurs parfumées de *Cymbidium ensiforme* servaient à décorer la couche nuptiale des jeunes époux : cette pratique était censée aider à la conception des enfants.

La senteur du fruit de vanille est universellement appréciée : cette odeur douce et agréable fait l'unanimité, autant pour agrémenter les desserts que pour composer des parfums. Les gousses de vanille sont majoritairement produites à Madagascar (85% de la production mondiale). Elles sont récoltées avant maturité, échaudées puis séchées longuement, alternativement à l'ombre et au soleil, de manière à confire le fruit. Ce procédé permet d'enclencher une réaction enzymatique qui va développer cette odeur caractéristique grâce à la formation de cristaux de vanilline. Il faut savoir que le fruit du vanillier est naturellement odorant à maturité, après 12 mois, mais avec des arômes bien moins développés.

2. *Maxillaria* **tenuifolia**

- ***Maxillaria tenuifolia :*** l'orchidée à senteur de noix de coco. Cette orchidée **(2)** originaire du sud du Mexique et de l'Amérique Centrale connaît un grand succès auprès des orchidophiles pour son parfum doux et fruité. Elle a été introduite de Vera Cruz et envoyé en Angleterre où elle y fleurit pour la première fois en 1839. C'est une plante rhizomateuse, épiphyte vivant dans les forêts mixtes de pins et de chênes, au gracieux feuillage graminiforme. Les fleurs apparaissent à la base des pseudobulbes, en fin d'hiver ou au cours du printemps, et perdurent plus d'un mois. Leur coloris varie grandement en fonction des individus : à dominante jaune ou rouge avec un labelle crème tacheté de brun-pourpre. La senteur de noix de coco qu'elles exhalent est extrêmement attrayante. En 2006, une équipe scientifique française (Bertrand, Perraudin & Popovici) a réalisé une analyse de ce délicieux parfum permettant l'identification de 34 composants chimiques, soit plus de 97 % du total de la fragrance. Étonnamment, les lactones produisant cette odeur caractéristique de coco ne correspondent qu'à 2 % du total des molécules odoriférantes. En fin de floraison, j'ai pu observer que la fleur ne sentait plus rien 2 jours avant son changement d'état : elle devient entièrement brune et produit une senteur de curry très caractéristique qui persiste quelque jours.

PARTIE 2

La culture des orchidées

Paramètres climatiques, pratiques culturales et maladies des orchidées

On a longtemps considéré que la culture des orchidées était chose difficile, nécessitant de grandes connaissances et des moyens conséquents. De nos jours, le savoir se diffuse largement et la production de masse a fait baisser les prix de ces plantes très en vogue.

Pour réussir, en évitant les déceptions et le gaspillage de son argent, il faut faire les bons choix. Posez-vous ces deux questions :

En premier, quelles sont les conditions de vie que vous pouvez leur offrir et de quelle place disposez-vous ?

Vous ne pouvez cultiver des plantes de la même façon dans une serre, une véranda ou une pièce de votre habitation.

En second, quels sont les types d'orchidées qui vous plaisent ? Plus vous augmenterez la diversité et le nombre de plantes, plus il sera délicat de bien gérer votre culture.

De manière générale, si vous commencez une culture d'orchidées dans votre intérieur, portez votre choix sur les hybrides qui combinent les qualités des espèces et, de ce fait, ont moins d'exigences strictes pour les paramètres climatiques.

Paramètres climatiques

La lumière

Sans lumière, pas de plante! Indispensable à la photosynthèse qui permet la nutrition, la lumière varie grandement dans les milieux naturels et les plantes se sont adaptées. Ainsi, l'aspect du feuillage d'une orchidée vous donne des indications précieuses **(1)**: des feuilles réduites et épaisses, voire coriaces, pour les plantes qui s'épanouissent en pleine lumière, dites héliophiles; à l'opposé, de grandes feuilles larges et assez fines pour les plantes de faible luminosité, dites sciaphiles.

On a recensé ainsi des espèces d'orchidées de plein soleil qui s'épanouissent soit au sommet des arbres, soit sur des rochers; des espèces de mi-ombre, les plus nombreuses, qui subissent une alternance de soleil et d'ombre, ou une ombre légère permanente, installées dans la canopée ou sous de petits arbres; et des espèces d'ombre, qui sont accrochées sur la partie basse des troncs d'arbres ou bien vivent sur les sols forestiers. Cette dernière catégorie se contente seulement de 1 à 5% de la lumière solaire. Ces orchidées présentent souvent des motifs particuliers sur leur feuillage (veination, tesselures, taches): les «orchidées bijou» (*Anoectochilus regalis* **(2 et 3)**, *Ludisia discolor*) sont très attractives, autant pour leurs fleurs que pour leurs feuilles.

Deux unités de mesure sont utilisées pour parler couramment de la lumière en horticulture: le Lux pour l'éclairement des plantes et le Watt/m² concernant la puissance lumineuse dans les serres gérées par des automates. En théorie, les plantes de plein soleil nécessitent de 20000 à 40000 Lux (*Cymbidium, Vanda*), celles de mi-ombre de 10000 à 20000 Lux (*Cattleya, Phalaenopsis*), et d'ombre de 8000 à 12000 Lux (*Paphiopedilum*).

En culture sous abri vitré, la lumière solaire induit une augmentation de la température, le fameux «effet de serre». Cet apport calorifique est très bénéfique s'il reste sous contrôle : sans aération ni ombrage, la chaleur excessive dessèche l'air et provoque des brûlures foliaires et florales.

1. La forme et la taille du feuillage donnent une bonne indication sur les exigences des plantes : à gauche, une feuille réduite et épaisse nécessite plus de lumière que celle de droite, plus fine et large.

2. Les curieuses feuilles de l'orchidée-bijou *Anoectochilus regalis* : ici, dans la Réserve d'Udavattekale, Sri Lanka.

3. Les délicates fleurs d'*Anoectochilus regalis*. C'est l'une des 5 espèces d'orchidée-bijou utilisées dans la médecine ayurvédique, notamment pour traiter les morsures de serpent.

1. Des rideaux d'ombrage dans une serre d'orchidées.

La serre dont l'axe est orienté nord-sud est le lieu de culture idéal. Cependant pour protéger les plantes, il faut opacifier le vitrage à la belle saison (blanchiment) de la mi-février au début novembre et disposer d'un ombrage interne **(1)** ou encore mieux externe, filtrant en moyenne 60 % des rayons solaires aux heures les plus lumineuses. Par exemple en plein été avec un ciel dégagé, l'éclairement atteint 1000 W/m^2 (ou 100 000 Lux) au midi solaire : il est recommandé de déployer les rideaux d'ombrage à partir de 500 W/m^2.

La véranda peut être un bon endroit où cultiver des orchidées. Généralement orientée plein sud, elle capte beaucoup de lumière et de chaleur, parfois trop, même en hiver. Il est indispensable de pouvoir aérer grandement cette pièce et de disposer d'ombrage (stores, rideaux filtrants). Il faut aussi prévoir un minimum de chauffage pour les périodes les plus froides.

La fenêtre ou la baie vitrée d'une habitation, maison ou appartement, pose le problème de l'exposition unilatérale : les plantes ont tendance à pousser vers la source lumineuse. Il faut donc penser à les tourner régulièrement pour leur donner une forme équilibrée. L'orientation a son importance : l'est est sans risque, le sud et l'ouest peuvent être brûlants et donc nécessitent des stores ou un voilage, le nord est à réserver pour les orchidées moins exigeantes en chaleur et luminosité. Pour conserver une bonne luminosité, il est préférable de ne pas éloigner les plantes à plus de 0,50-1 m du vitrage.

La durée de l'éclairement a son importance : la plupart des orchidées que l'on cultive proviennent des régions équatoriales où le jour dure autant que la nuit. Les variations saisonnières d'éclairement par le soleil s'accentuent au fur et à mesure que l'on s'éloigne de l'équateur : en France, en hiver, la durée du jour la plus courte est de 8 heures et en été au plus long de 16 heures. En période hivernale, on peut compenser la perte de lumière par des apports de lumière artificielle pendant 2 à 4 heures avec des tubes néons type « lumière du jour » ou des LEDs, disposés au maximum à 50 centimètres au-dessus des plantes. Cet éclairement artificiel peut être souhaitable pour les plantes cultivées sur étagères superposées ou en mini-serre, voire obligatoire dans le cas particulier de culture dans une pièce sans ouverture extérieure.

La température

Indissociable de la lumière, la température varie grandement en fonction de la situation géographique (hémisphère Nord, équateur, hémisphère Sud), de l'altitude, de la saison et du moment de la journée (jour/nuit). Pour donner un exemple, l'île de Papouasie-Nouvelle Guinée, située entre 0° et 10° de latitude Sud, bénéficie d'un climat équatorial, sans saison marquée : à Timika, sur la côte de la mer d'Arafura, les températures varient entre 22 °C la nuit et 31 °C le jour ; à Wamena, dans les hautes terres de l'intérieur à 1 800 mètres d'altitude, les températures varient entre 13 °C la nuit et 25 °C le jour.

Dans les serres, trois climats de culture servent de référence avec les températures optimales que l'on doit maintenir en hiver :

- **Le climat de serre froide :** 8-10 °C la nuit, 13-15 °C le jour pour les orchidées originaires des zones montagneuses (altitude + 2 500 m) comme les *Dracula* et les *Masdevallia*.
- **Le climat de serre tempérée :** 15 °C la nuit, 20 °C le jour pour des orchidées de moindre élévation (altitude 1 500-2 000 m) comme bon nombre de *Coelogyne*, *Epidendrum*, *Maxillaria*, *Oncidium*.
- **Le climat de serre chaude :** 18-20 °C la nuit, 23-25 °C le jour pour des orchidées des basses terres (altitude 0-1 000 m) comme les *Cattleya* et les *Phalaenopsis*.

Si votre abri de culture est automatisé, il convient de modifier les consignes de température pour la saison estivale en les augmentant d'au moins 3 à 5 °C.

En horticulture, on considère qu'une variation de température de 5 °C entre le jour et la nuit est indispensable à la bonne croissance et à la floraison des plantes.

1. Une serre en hiver : du plastique bulle double face et un aérotherme suffisent à maintenir une température adéquate pour des orchidées peu exigeantes.

Dans la nature, les écarts se révèlent encore plus importants. Pour cette raison, il vaut mieux connaître l'origine géographique des orchidées que l'on va héberger. Cependant, il n'est pas nécessaire de reproduire des températures identiques à celles observées *in situ*; la très grande majorité des espèces se contentent des trois catégories de climats sus-nommées. En l'absence d'information sur la plante que vous cultivez, il sera toujours plus prudent de choisir le climat tempéré: autant une espèce de climat chaud peut être tenue en climat plus frais, autant l'inverse n'est pas possible.

Si, dans les pays tropicaux, les saisons sont peu marquées, les variations saisonnières (hiver/été) s'avèrent très importantes dans les régions tempérées. En hiver **(1)**, on dira qu'il suffit de bien isoler la serre (plastique bulle double couche, paillassons) et de veiller au chauffage (thermosiphon, aérotherme) pour assurer de bonnes conditions.

En été, il est beaucoup plus difficile d'éviter les montées excessives en température, d'autant plus si la serre est petite : le blanchiment du vitrage et l'ombrage, l'aération, la ventilation, la brumisation et le bassinage sont les moyens à notre disposition pour faire baisser le thermomètre.

Mais lorsque le mercure atteint 43 °C à l'ombre, comme en juillet 2019 en Ile-de-France, il ne reste plus beaucoup de solutions, hormis arroser le vitrage et occulter avec des toiles et des paillassons. À l'aide de ces deux moyens, j'ai réussi à ne pas dépasser 38 °C dans ma petite serre de 30 m^3. Les périodes d'intersaison (printemps-été, automne-hiver) se révèlent plus délicates pour la gestion du climat dans les abris vitrés à cause des rapides changements journaliers; il faut bien souvent composer avec l'alternance de sombres nuages et de vif soleil.

2. Brumisation dans les serres d'orchidées aux Jardins botaniques royaux de Kew, près de Londres.

3. La culture estivale en extérieur est souhaitable pour les orchidées, à condition qu'elles soient à l'abri du soleil, de la grêle et des limaces !

L'hygrométrie

De la même manière, l'hygrométrie (le pourcentage de vapeur d'eau dans l'air) est corrélée à la lumière et à la température. Dans les pays tropicaux d'où proviennent la majorité des orchidées que l'on cultive, l'hygrométrie est souvent très forte. Elle varie néanmoins en fonction de la période (saison humide/saison sèche), de l'altitude, du couvert végétal : on dira qu'elle oscille entre 30 et 100 %, donc en moyenne de 60 à 70 %. Ce taux d'humidité idéal est à maintenir dans les cultures de serre. Les variations de l'hygrométrie s'y régulent aisément : on la diminue en aérant, ventilant et chauffant ; on l'augmente en confinant, brumisant **(2)** et bassinant.

Ce qui se pratique aisément dans un abri vitré s'avère plus délicat dans une véranda ou l'intérieur d'une habitation où le taux d'humidité ne dépasse guère les 15 %. Les projections d'eau sur le vitrage ou les murs ne sont évidemment pas souhaitables. Pour quelques potées, on pourra les disposer sur de larges soucoupes remplies de graviers ou petits cailloux non calcaires et recouverts d'eau. L'évaporation donnera une hygrométrie localisée non négligeable. On complètera avec une brumisation journalière des plantes. Lorsqu'on cultive un nombre conséquent de plantes, il devient plus difficile de pratiquer ainsi : il convient de faire un choix entre le papier peint et ses orchidées ! Quelques passionnés prennent des décisions radicales et consacrent une pièce entière à leurs plantes préférées. À chacun de savoir jusqu'où aller !

En résumé

La culture en serre donne évidemment les meilleurs résultats d'un point de vue climatique. Néanmoins, ce n'est pas une sinécure : en hiver, on régule facilement par le chauffage, mais cela induit des dépenses non négligeables. Les intersaisons sont difficiles à bien gérer car les variations lumière-température sont très fortes dans la journée. En été, les épisodes caniculaires de plus en plus fréquents rendent invivables ces abris vitrés : la meilleure solution est de sortir les plantes **(3)** dans le jardin, à l'ombre des arbres, hors de portée des limaces et escargots et à l'abri de la grêle.

1. *Pleione* Versailles. Ce genre d'orchidée caduque produit une belle floraison avant l'apparition des feuilles. On peut lui reprocher la brièveté de ses fleurs qui ne durent qu'une dizaine de jours.

La véranda s'apparente presque à la serre adossée, mais n'oublions pas que c'est une pièce d'habitation avant tout. On peut obtenir de bons résultats si on dispose d'un ombrage adéquat et surtout d'une grande possibilité d'aération pendant la belle saison.

- Un chauffage d'appoint est indispensable pour la période hivernale.
- L'humidification de l'air reste le principal problème comme dans le reste de la maison.
- Dans une habitation, maison ou appartement, la culture de plusieurs dizaines d'orchidées est tout à fait possible si elle possède des bow-windows ou de grandes baies vitrées. On peut cependant s'inquiéter des températures trop régulières toute l'année qui peuvent gêner la mise à fleur de certaines espèces. Il faudra prévoir un voilage pour les expositions sud et ouest.
- En été, les plantes peuvent sortir dans le jardin ou sur le balcon, bien protégées du soleil direct. Quelques orchidées rustiques peuvent aussi rester sur le rebord des fenêtres en hiver *(Bletilla striata, Coelogyne cristata, Pleione)* **(1)** protégées par un voile, tant que le thermomètre ne descend pas en dessous de -1 °C.

Une autre possibilité est la culture dans un terrarium ou une mini-serre, pourvus d'un chauffage, d'un éclairage et d'une brumisation automatisés, que l'on pourra installer même dans une pièce peu lumineuse. La taille réduite de cet abri oblige à privilégier des orchidées dites « miniatures » : il existe de nombreuses espèces de taille réduite (moins de 10 cm) avec des floraisons très intéressantes. On peut s'amuser ainsi à recréer un paysage tropical en réduction.

Le terme « orchidée miniature » est très largement utilisé, mais critiqué pour une question d'étymologie. En effet, dans le langage courant, ce qui est miniature est synonyme de petit ou réduit.

Or c'est un mésusage puisque le mot « miniature » provient du latin *minio*, correspondant à un oxyde de plomb, le minium, qui donne un pigment rouge très utilisé anciennement dans les œuvres peintes de petit ou grand format. L'expression « mini orchidée », dérivée du latin *minor* signifiant « plus petit », serait plus adéquate. Au XIXe siècle, on a aussi parlé des « orchidées naines » : les botanistes ont ainsi dénommé nana ou nanum des espèces de petite taille. Ici, nous voyons le minuscule *Dendrobium massarengense* en fleur, pic Eilit, Papouasie occidentale.

Pratiques culturales

Le rempotage

Cette pratique peut inquiéter le néophyte. Il est vrai que l'on ne rempote pas une orchidée comme un géranium. Pourtant, quelques enseignements de base devraient permettre d'arriver à un résultat satisfaisant. Avec l'expérience, ce sera parfait. Mais tout d'abord, posons-nous la question: pourquoi rempoter?

Le rempotage s'avère nécessaire pour renouveler régulièrement le substrat qui se dégrade. Plus il se dégrade, plus l'humidité persiste dans le pot, les racines pourrissent et la plante dépérit. Il permet aussi d'adapter la taille de la plante à celle du contenant.

À quel rythme rempoter?

Cela dépendra de plusieurs facteurs : l'espèce cultivée, sa taille, son état sanitaire, le substrat employé, le contenant, les conditions culturales, etc.

En moyenne, la très grande majorité des orchidées se rempotent tous les 2 ans (*Cattleya, Dendrobium, Epidendrum, Oncidium, Paphiopedilum, Phalaenopsis*). Pour quelques genres à développement rapide, ce sera tous les ans (*Pleione, Thunia*). Au contraire, pour certaines orchidées qui ont besoin de temps pour bien s'établir et fleurir, les rempotages seront espacés de 3 à 5 ans, voire plus (*Arachnis, Rhynchostylis, Vandopsis*). En fait, c'est la qualité du substrat qui permet de tenir plus longtemps entre deux rempotages. J'ai eu l'expérience extrême d'un *Maxillaria* qui a vécu 7 ans dans un substrat sphaigne-écorces de pin, réduit quasiment à la fin, à l'état de terreau **(2)** !

2. On peut voir ici, à droite, substrat très dégradé, réduit quasiment à l'état de terreau.

Quand rempoter?

Il faut tenir compte du stade végétatif de la plante. On rempote lorsque l'orchidée est au tout début de sa croissance : apparition de pousses (ou rejets) et de nouvelles racines. Sauf exception d'une plante en difficulté (pourriture des racines par exemple), on ne rempote jamais en période de floraison. Dans ce cas très particulier, on doit supprimer les fleurs afin de ne pas affaiblir le spécimen en péril.

Pour ce qui concerne la saison de rempotage, un maximum d'espèces sont à rempoter entre février et juillet. Pour certaines qui ont une croissance quasi continue, le rempotage peut se faire toute l'année.

Le choix du substrat :

Il existe plusieurs matériaux pour la culture des orchidées, utilisables seuls ou en mélange, avec des proportions variables : sphaigne, écorces de pin indigène ou exotique, argile expansée, fibres de coco, perlite, vermiculite, tourbes, terreaux, laine de roche, polystyrène, polyuréthane, brique pilée, pouzzolane, etc. Il existe des substrats de référence mais, à vrai dire, vous pouvez faire ce qu'il vous plaira du moment que cela convienne à vos orchidées.

Le pH ou potentiel Hydrogène est l'unité indiquant la quantité d'ions hydrogène dans une solution. Il se mesure avec un pHmètre : la solution est dite acide pour un pH 0 à 6,9, neutre pour pH 7, basique entre 7,1 et 14. Les orchidées ont leurs préférences : les épiphytes sont majoritairement acidophiles (pH 5 à 6,5), alors que les terrestres peuvent être acidophiles, neutrophiles ou basophiles (pH 8 à 9) selon les espèces. Certains *Paphiopedilum* sont dits calcicoles et préfèrent les sols au pH élevé.

Il faut choisir le ou les éléments qui vont composer votre substrat en fonction de leurs capacités d'aération, d'hydratation et de durabilité. Prenez toujours des matériaux de première qualité. La porosité permettant une bonne circulation de l'air et de l'eau pour les racines est le paramètre le plus important : après un arrosage, l'eau doit avoir percolé (évacué) pour moitié ou mieux aux deux tiers en une minute. Le substrat devra avoir un pH idéal compris entre 5 et 6,5 pour convenir à une très grande majorité d'orchidées.

Les principaux matériaux par ordre d'importance :

- 1. **Écorces de pin (1)** : généralement, ce sont les écorces du pin maritime (*Pinus maritima*) qui sont employées en France. On trouve également des écorces du pin de Monterey (*Pinus radiata*), originaire de Nouvelle-Zélande. Produits de la filière du bois, les écorces sont compostées puis calibrées. C'est le substrat le plus évident pour les espèces épiphytes, restituant aux racines un milieu à semblance naturelle, avec un pH 5,5. On utilise trois granulométries : 5 mm pour les plantules (repiquage en terrine), 10-15 mm pour les plantes à racines fines et moyennes (*Epidendrum*, *Miltonia*, *Paphiopedilum*), 15-20 mm pour celles à grosses racines (*Cattleya*, *Cymbidium*). Il est souhaitable de tamiser et trier les écorces pour éliminer les plus fines particules et les fibres molles, néfastes à la culture. On les emploie seules ou en mélange avec de la sphaigne, argile expansée, laine de roche, etc.
- 2. **Sphaigne (2)** : parfois appelée par son nom latin *Sphagnum*, la sphaigne est une mousse des marais aux propriétés remarquables : un pH 5 et une très grande capacité de rétention en eau (20 fois son poids). Vivant dans les milieux humides et pauvres de nos forêts, elle compose un biotope favorable à de nombreux organismes vivants, dont certaines orchidées indigènes : pour ces raisons, elle est interdite de tout prélèvement en France. Les sphaignes utilisées en horticulture proviennent du Chili, de Madagascar et de Nouvelle-Zélande. On les achète sous forme déshydratée, en ballots ou en sacs. Il en existe deux qualités : la sphaigne hachée finement (fibres de 5 mm) et grossièrement (10 mm et plus) ; préférez la seconde car plus durable. On doit ré-humecter la sphaigne par trempage dans de l'eau de pluie puis on l'essore fortement avant emploi. Pure ou en mélange avec de l'écorce de pin, la sphaigne est le substrat de culture par excellence pour quasiment toutes les orchidées. De par ses qualités physico-chimiques, elle permet de sauver des plantes qui n'ont plus de racines ou qui sont desséchées.

1. Les écorces de pin de gros calibre sont parfois utilisées pures et sans drainage.

2. La sphaigne pousse sur les sols humides, pauvres et acides, ici en forêt de Fontainebleau. C'est une plante protégée que l'on ne doit pas ramasser dans la nature.

- **3. Argile expansée :** obtenues par cuisson à très haute température, à la manière du pop-corn, les billes d'argile expansée présentent des qualités de légèreté et durabilité. On les trouve facilement en jardinerie, à prix modique. Avant leur emploi, il faudra les passer au tamis et les rincer à l'eau pour éliminer les poussières et autres scories issues de leur fabrication. Elles sont utilisées en mélange avec d'autres matériaux pour confectionner des substrats, ou en fond de pot pour assurer le drainage. De pH 7.
- **4. Pouzzolane** : roche volcanique de très grande porosité qui est employée sous forme de granulats de calibre 6/12 ou 7/15 millimètres. Elle permet d'alléger les substrats et de leur assurer une bonne stabilité. De pH 7.
- **5. Tourbes (1)**: blondes, brunes ou noires, fibreuses ou fines, elles proviennent de l'exploitation des tourbières âgées de plus de 3000 ans, provoquant malheureusement la destruction de zones humides et de biotopes particuliers. Du fait de leurs grandes qualités physico-chimiques (rétention en eau, légèreté, pH 4 à 7), elles sont massivement utilisées en horticulture. Leur usage est aujourd'hui très décrié, aussi des terreaux issus de compostage commencent à les remplacer. Les horticulteurs industriels utilisent la tourbe blonde fibreuse (pH 4 à 4,5), additionnée d'écorce de pin et d'engrais pour des orchidées élevées rapidement en 18 mois. On peut employer la tourbe en mélange avec d'autres matériaux plus drainants pour les orchidées terrestres. En revanche, je ne la recommande pas pour des orchidées épiphytes, car elle se révèle asphyxiante pour les racines. La gestion de l'arrosage de ce substrat reste le point le plus délicat.

1. La tourbe provient de la très lente décomposition de la sphaigne en zone marécageuse.

- **6. Fibres de coco :** c'est un sous-produit de la culture de la noix de coco. Il en existe différentes qualités, fines ou en morceaux. Les plus fines ont des caractéristiques similaires à la tourbe, avec un pH 7. On doit les utiliser en mélange avec de l'écorce de pin ou d'autres matériaux drainants. Pour celles en morceaux que l'on appelle « chips de coco », elles conviennent mieux aux orchidées épiphytes.
- **7. Laine de roche** : c'est une matière obtenue par fusion et centrifugation de roches volcaniques (basalte). L'emploi de la laine de roche s'avère délicat et réservé à des professionnels ou des amateurs experts. La gestion de l'arrosage n'est pas évidente. Inerte et donc dénuée d'éléments nutritifs, on doit faire des apports d'engrais liquide réguliers. Avec le temps, elle finit par se tasser, se couvrir de mousses et devient asphyxiante. Les horticulteurs l'utilisent parfois en mini-cubes, mélangés avec de l'écorce de pin, en remplacement de la sphaigne. La laine de roche n'est pas recyclable.

2. Le charbon de bois a diverses utilisations pour purifier les substrats de culture.

3. Comparaison entre des orchidées à grosses racines (*Phalaenopsis*) et à racines fines (*Maxillaria*).

4. Substrat sphaigne + écorces pour les orchidées à racines fines.

- **8. Perlite :** produite à base de sable siliceux, d'origine volcanique, porté à haute température. Elle a un aspect de petits graviers blancs très légers et poreux, de pH 6,8. Sa capacité de rétention d'eau est de deux à trois fois son poids. Elle peut entrer dans la composition de substrat pour les orchidées gourmandes en eau (*Anguloa, Lycaste*), jusqu'à la proportion d'un tiers.
- **9. Charbon de bois (2) :** voici un élément très important qu'il vaut mieux fabriquer soi-même. En effet, le charbon de bois pour barbecue est impropre à l'utilisation en culture : en cause, les additifs qui permettent son embrasement et qui sont néfastes aux racines. Le charbon de bois (de châtaignier, chêne, hêtre), de par sa très grande porosité, fixe à sa surface des agents pathogènes (bactéries, champignons) et des toxines. Il permet d'éviter les pourritures des racines de certaines espèces sensibles aux excès d'humidité. On l'ajoute au substrat ou en fond de contenant sous forme de morceaux de 2-3 cm.

5. Le substrat sphaigne-écorces de pin peut convenir à presque toutes les orchidées. Ici, le bel enracinement d'un *Paphiopedilum*.

Pour ma part, je privilégie deux types de substrat à base de sphaigne et d'écorces de pin compostables, d'argile expansée recyclable :

- Les orchidées à racines très fines (*Maxillaria, Pleurothallis*) **(3)** ont de grands besoins hydriques : on emploiera un substrat composé de 2/3 de sphaigne et 1/3 d'écorces de pin **(4)** qui retiendra mieux l'eau. Un seul problème : la sphaigne ne supporte pas les sels minéraux sous peine de se dégrader très rapidement. On l'arrose toujours à l'eau pure, sans aucun ajout d'engrais.
- Les orchidées à racines plus grosses (*Cattleya*, *Paphiopedilum*) **(5)** préfèrent les milieux très drainants : on utilisera un substrat composé de 2/3 d'écorces de pin et 1/3 de billes d'argile expansée. On pourra arroser avec de l'engrais liquide **(6)**.

6. Substrat écorces de pin + billes d'argile expansée pour les orchidées à grosses racines.

1. Des piles de pots ajourés pour les orchidées dans une poterie au Vietnam.

2. Le pot transparent pour les *Phalaenopsis* est à la mode.

Je vous déconseille d'utiliser les matériaux non recyclables et polluants tels que le polystyrène et le polyuréthane : ils finissent malheureusement un jour ou l'autre dans les cours d'eau...

Il existe aussi des substrats prêts à l'emploi vendus par les orchidéistes ou les jardineries. On trouve des «terreaux pour orchidées» avec des compositions variables : par exemple, écorces de pin et perlite (pH 5,5) ou écorces de pin avec tourbe blonde fibreuse et fibres de coco en morceaux (pH 6,5), parfois additionnés d'engrais. Ils conviennent à une large gamme d'orchidées.

Le choix du contenant ou du support de culture :

De manière courante, la grande majorité des plantes ornementales sont cultivées dans des pots. Concernant la particularité de certaines orchidées, d'autres contenants ou supports doivent être employés.

- **1. Le pot en terre cuite (1)**: voici le contenant classique par excellence pour cultiver toutes les orchidées. De nos jours, le pot plastique l'a remplacé, mais il est encore employé pour les spécimens de grande taille qui ont besoin de stabilité (*Cattleya*, *Laelia*). L'esthétique, la porosité et la stabilité du matériau en sont les atouts, mais on lui reproche parfois de cumuler les sels minéraux des engrais. Il faut préférer les demi-pots (grand diamètre et faible profondeur) ou sinon compenser avec plus de drainage.
- **2. Le pot plastique (2) :** il a supplanté le précédent à partir des années 1970, en horticulture. Il est moins coûteux, moins lourd et moins fragile et retient mieux l'humidité dans le substrat. Le pot transparent a connu sa mode, particulièrement pour les *Phalaenopsis* : bonne idée pour certaines orchidées dont les racines assurent également la photosynthèse, mais finalement cela n'a pas vraiment convaincu les orchidéistes à cause des algues qui s'y développaient facilement.

- **3. La terrine et la coupe :** anciennement en terre cuite, de nos jours plutôt en plastique, ces deux contenants privilégient une grande surface, de forme ronde ou carrée, avec une faible profondeur. Cela convient à nombre d'orchidées aux racines traçantes et aussi à celles de petite taille comme les *Pleione*.
- **4. Le vase en verre :** utilisé particulièrement pour les *Vanda* et autres orchidées aux très longues racines (*Rhynchostylis*) que l'on garde hors de la serre. En horticulture de masse, les *Vanda* sont élevés dans des petits paniers sans substrat et humidifiés régulièrement chaque jour : ils développent ainsi un grand volume racinaire. Dans une habitation, on ne peut pas mouiller autant ses plantes, aussi doit-on les installer dans de grands vases tubulaires, en verre transparent, un peu comme une serre individuelle. On maintient l'humidité en conservant un fond d'eau qui ne doit pas toucher les racines.
- **5. Le panier en bois (3) :** contenant traditionnel qui permet la culture de plantes à port pendant ou à inflorescence pendante (*Dendrobium*, *Gongora*, *Stanhopea*). Il vaut mieux le fabriquer soi-même, car ceux vendus dans le commerce ne durent pas longtemps : les lattes de bois sont collées et ne tiennent pas avec l'humidité.

3. Le panier en bois est employé pour des orchidées à port pendant ou à floraison particulière : ici, la floraison spectaculaire d'un *Dendrobium aphyllum* avec de longues « cannes » pendantes.

Pour fabriquer un panier en bois, choisissez des lattes en pin ou sapin de 1,5 cm de côté. Coupez-les à la longueur voulue (par exemple pour un panier de 15 x 15 cm, utilisez des morceaux de 22 cm de long) et passez-les deux fois à l'huile de lin pour les protéger. Percez un trou à 2 cm de chaque extrémité avec une mèche à bois très fine (numéro 2) afin de passer au travers un fil de fer galvanisé et assemblez les morceaux. Les lattes qui constituent le fond sont bloquées par l'ensemble ou fixées avec un petit clou. Les extrémités du fil de fer sont enroulées sur elles-mêmes à la pince afin de bloquer l'assemblage et permettre la suspension du panier au moyen de chaînettes ou de tringles. Ces paniers peuvent durer une dizaine d'années.

1. Les paniers en plastique peuvent être de forme et volume variables. Ils sont utilisés pour des orchidées dont les fleurs s'orientent vers le sol en traversant le substrat : ici, *Maxillaria grandis* de Colombie et Équateur.

2. *Seidenfadenia mitrata* est une orchidée originaire de Thaïlande. Comme les *Vanda* aux longues racines, elle ne supporte pas la culture en pot et doit être cultivée sur une plaque de bois.

3. *Schoenorchis fragrans* est une mini-orchidée qui nous vient de Thaïlande. On la cultive de préférence sur une plaquette de liège. Ses fleurs ne mesurent que 3 millimètres de diamètre.

- **6. Le panier en treillage métallique :** un autre classique des temps anciens. On ne trouve plus les jolis modèles du XIXe siècle issus de l'industrie du tréfilage. On peut utiliser des paniers à suspendre les potées fleuries que l'on améliore en disposant du grillage à poule, de la fibre de noix de coco ou de la toile de jute afin de retenir le substrat avant que les racines ne le colonisent.
- **7. Le panier en plastique :** très pratique mais pas très esthétique, il en existe différents modèles. Majoritairement de forme tronconique, souples ou rigides, on en trouve en polypropylène recyclé. Leur durée de vie est de 5 à 7 ans **(1)**.
- **8. Le morceau de bois, appelé « bûche » anciennement (2) :** support idéal des petites orchidées épiphytes, de celles qui ne supportent pas d'être enfermées dans un pot et surtout n'aiment pas les excès d'humidité au niveau racinaire. On privilégie les essences résistantes à la biodégradation et dont l'écorce a suffisamment de relief pour que les racines s'accrochent : le chêne, le châtaignier, le liège.
- **9. La plaquette de liège :** offrant une surface plus grande et régulière que la bûche, elle permet de regrouper les plus petites des petites espèces. Il existe aussi des plaquettes en tronc de fougère arborescente qui offrent encore plus d'accrochage aux racines et retiennent mieux l'humidité. Le choix des bûches et des plaquettes peut être conditionné à un problème de place, on peut ainsi établir une collection verticale d'orchidées petites et moyennes **(3)**.

La dernière mode dans les expositions européennes est à l'orchidée cultivée dans une noix de coco; on retrouve ce mode de culture dans nombre de pays tropicaux, là où poussent des cocotiers. Ainsi peut-on utiliser divers contenants non horticoles, tant qu'ils possèdent des caractéristiques de durabilité; je connais une orchidophile qui cultive ses orchidées dans toutes sortes de récipients improbables, tels que des chopes à bière, et ça marche !

La pratique du rempotage

Commencez par préparer la table. Disposez l'outillage : un couteau affûté, un sécateur, un diguet (petit bâton émoussé de 2 cm de diamètre, long de 15 cm, en buis ou autre bois), des étiquettes, un crayon papier, une gomme, un pinceau plat pour nettoyer certaines parties (rhizomes, pseudobulbes, gaines), un réchaud à gaz pour désinfecter les outils tranchants entre chaque plante.

Le rempotage est le moment particulier où il va falloir ressentir les choses au bout des doigts, alors ne mettez pas de gants !

Le substrat aura été préparé la veille et il doit être correctement humidifié : ni trop mouillé ni trop sec. Cela permet de caler correctement la plante dans le pot sans avoir du mélange qui colle aux mains. Il y aura ainsi suffisamment d'humidité dans le pot pendant la quinzaine de jours à venir, sans arrosage.

- **Le dépotage :** dans le cas de pots en terre cuite, retournez la plante en la maintenant d'une main et le pot de l'autre. Frappez légèrement le col du pot sur la table (en bois) afin de décoller le substrat. Si les racines sont bien accrochées aux parois, utilisez un couteau à longue lame (type couteau de boucher) que vous faites glisser tout autour, à l'intérieur du pot. Pour les pots en plastique, exercez deux pressions latérales d'une main, puis renversez la plante pour la retirer sans trop tirer. Utilisez également le couteau pour décoller les racines, si nécessaire.
- **Tri et élimination de l'ancien substrat :** récupérez les billes de drainage, puis lavez-les et désinfectez-les dans une dilution d'eau de Javel, et mettez au compost les autres matériaux biodégradables (écorces et sphaigne) si possible.

* **Nettoyage et préparation de la plante :** avec un couteau ou un sécateur, éliminez les vieilles racines molles à l'aspect sombre et préservez les plus jeunes, de texture ferme et de couleur claire. Vous pouvez parfois être amené à diminuer un volume racinaire trop important qui vous empêche de respecter une taille de pot raisonnable. C'est souvent le cas pour les *Phalaenopsis* : enlevez alors quelques racines parmi les plus anciennes. Continuez le nettoyage avec le retranchement des organes pourris, abîmés ou sénescents : des portions de rhizome, des pseudobulbes ou des feuilles, ainsi que les anciennes tiges florales. Réduisez les fortes plantes en conservant un minimum de 3-4 pseudobulbes reliés ensemble, sous peine de l'affaiblir. Dans le cas de plantes monopodiales très grandes (*Arachnites*, *Vanda*), vous pouvez réduire leur taille en coupant la tige là où se sont développées des racines adventives, et en supprimant les feuilles qui pourraient être enfermées dans le substrat. Mettez de la poudre de charbon de bois sur toutes les blessures et coupes. Passez les outils à la flamme pour les désinfecter entre deux spécimens. Cette préparation de la plante a une autre importance : elle est l'occasion de regarder de près votre orchidée et peut-être de détecter la présence de parasites, notamment les cochenilles cachées sous les gaines.
* **Choix du contenant :** quel que soit le contenant choisi (pot, terrine, panier), il doit permettre à l'orchidée de croître pendant au moins deux ans. Dans le cas des plantes sympodiales qui ont une croissance latérale, prévoyez la place pour le développement d'une à deux nouvelles pousses par an. Le volume du contenant doit être suffisant pour y placer l'ensemble des racines. Dans le cas de certaines orchidées très prolifiques (*Angraecum*, *Phalaenopsis*), on est parfois obligé de supprimer les plus anciennes pour éviter d'augmenter exagérément la taille du pot. Il s'avère indispensable de mettre en place un drainage dans le fond des pots, sur environ 1/5e de la hauteur : un tesson sur le trou d'évacuation de l'eau puis des billes d'argile expansée, des graviers ou de la pouzzolane par-dessus. J'insiste sur le drainage, car la tendance en horticulture industrielle est de le supprimer : les orchidées sont élevées dans des tourbes fibreuses additionnées d'écorces de pin et d'engrais dans l'objectif d'une première floraison rapide pour les vendre. En revanche, comme vous allez cultiver votre plante pendant des années, le drainage s'avère indispensable pour conserver une bonne aération et hydratation du substrat et améliorer sa longévité.

- **Mise en place de la plante :** déposez un fond de substrat sur le drainage, puis installez la plante en veillant à ce que les racines tournent dans le pot mais surtout ne remontent pas. Placez les plantes monopodiales au centre du contenant, mais positionnez les pseudobulbes des sympodiales contre la paroi afin de laisser la place aux pousses latérales. En maintenant la plante à la hauteur définitive, soit le collet (intersection entre les racines, le rhizome et les feuilles) au niveau du haut du pot, faites glisser délicatement le substrat entre les racines avec les doigts. Vous pouvez vous aider d'un petit bâton de bois émoussé (diguet) de la taille d'un à deux centimètres d'épaisseur. Exercez une pression graduée sur le substrat afin de bien stabiliser l'orchidée, mais ne tassez pas exagérément : autant les écorces de pin sont difficilement compressibles à la main, autant la sphaigne peut être compactée et devenir imperméable à l'air et à l'eau. Au final, la plante ne doit pas bouger car autrement les nouvelles racines auraient de la difficulté à s'accrocher dans le substrat. Si nécessaire, utilisez un tuteur et un lien pour tenir correctement le spécimen.
- **Les soins après rempotage :** n'arrosez pas pendant quinze jours, le temps que les blessures puissent sécher, et n'appliquez pas d'engrais pendant deux mois sous peine de brûler les jeunes racines. Il restera suffisamment d'humidité dans le substrat pour subvenir aux besoins de la plante. Pendant la première quinzaine, assurez une bonne hygrométrie (brumisation, bassinages) dans le lieu de culture et, si besoin, humidifiez légèrement le feuillage. On commence à voir véritablement la reprise de la plante au bout de deux à trois mois par l'émission de nouvelles racines et de nouvelles feuilles.

Le cas particulier des bûches et des plaquettes

On ne parle pas ici de rempotage, mais de « reprise ». Bien souvent, vous aurez acheté l'orchidée déjà montée sur une plaquette ou sur un morceau de bois. La reprise intervient lorsque le support se dégrade fortement ou que les plantes ne tiennent plus.

Après avoir nettoyé les plantes, disposez-les sur un nouveau support, avec un lit de mousse plate (ou mousse des jardins) pour améliorer l'accrochage et l'hydratation des racines. Attention, n'employez jamais de sphaigne, car dans cet usage, elle s'effiloche rapidement et reste trop longtemps humide. Il faut ensuite attacher fermement le ou les spécimens grâce à un lien en fil de cuivre très fin et malléable. D'autres liens sont utilisables (raphia synthétique), mais doivent être durables et surtout ne pas blesser les plantes ; ainsi ne jetez plus vos bas en Nylon, Mesdames ! Certain(e)s les découpent en morceaux et les utilisent pour en faire des ligatures souples mais efficaces.

Vous pouvez décider de passer une orchidée en culture sur plaque à une culture en pot, par choix cultural, pratique ou esthétique. Certaines plantes se détachent sans trop de difficulté de leur support ; en revanche, d'autres restent bien accrochées : dans ce cas, ne cherchez pas à enlever tout le liège ou les fibres de fougère, juste le plus possible sans abîmer les racines de votre plante, puis rempotez comme déjà indiqué. Au bout d'une ou deux années, l'orchidée aura conquis l'ensemble du substrat.

L'irrigation

C'est le point délicat. L'arrosage est souvent sujet à controverse entre jardiniers. Une chose est pourtant certaine avec les orchidées : soit on arrose, soit on n'arrose pas ! Dans la nature, les pluies se chargent de l'hydratation des plantes, au rythme des saisons. Les orchidées exotiques peuvent supporter des précipitations très importantes, assez régulièrement tout au long de l'année, parfois plus de 5000 mm, soit 5000 l d'eau/m²/an. D'autres au contraire connaissent une longue période très arrosée (saison humide), puis plusieurs mois sans aucune goutte d'eau (saison sèche). Pour ces raisons, il faut connaître l'origine géographique des espèces que l'on cultive.

La qualité de l'eau d'arrosage s'avère primordiale : elle doit être préférentiellement non calcaire, avec un pH autour de 5,5 à 7, et faiblement chargée en sels minéraux (200<µS). L'eau de pluie est ce qu'il y a de mieux et de moins cher. Il suffit de récupérer les eaux qui ruissellent des toitures et de les stocker dans des cuves opaques dans le jardin, enterrées ou non.

En milieu urbain, il est préférable de laisser s'évacuer l'eau pendant quelques minutes avant récupération afin d'éliminer les polluants atmosphériques (plomb, soufre).

Pour éviter la dégradation de l'eau stockée dans la serre ou à la maison, mettez quelques gros morceaux de charbon de bois dans vos bacs de réserve.

À défaut, vous pouvez utiliser l'eau potable de ville, mais uniquement si vous la passez en carafe filtrante : ce sera bénéfique pour vos plantes et pour vous également !

La majorité des eaux du réseau de distribution en France métropolitaine sont « dures », donc à plus ou moins forte teneur en calcaire (15< °fH >40). Les eaux naturellement « douces » (°fH <15) sont présentes dans les anciennes régions volcaniques : Bretagne, Massif central, Pyrénées atlantiques et Vosges. Consultez le relevé d'eau pour connaître la dureté de votre eau de consommation.

La substance chimique utilisée pour la désinfection des eaux potables s'avère nocive pour de nombreuses plantes et surtout les orchidées : que ce soit pour boire ou arroser vos orchidées, prélevez l'eau du robinet une ou deux heures à l'avance pour en faire évaporer le chlore.

Il est à noter que certains *Cymbidium* et *Paphiopedilum* apprécient une eau légèrement calcaire (< 30 °fH).

L'eau du robinet bouillie n'enlève pas tout le calcaire malgré le dépôt blanc dans la casserole. L'eau osmosée n'a aucun intérêt nutritif pour les plantes : elle est obtenue au moyen du passage au travers d'une membrane filtrante qui enlève tous les sels minéraux. De même pour l'eau des adoucisseurs et l'eau déminéralisée.

La température de l'eau est un autre paramètre important : elle doit être égale ou légèrement supérieure à celle de l'air, soit un optimum de 18 °C. Il ne faut jamais utiliser d'eau froide, car le choc thermique risque de favoriser des pourritures sur les racines et pseudobulbes.

La fréquence d'arrosage peut être de deux à trois fois par semaine en été, une fois par semaine en hiver, en fonction du lieu de culture (température et lumière), du substrat, du stade végétatif de l'orchidée (croissance, floraison, repos de végétation), de son état sanitaire. L'arrosage ne doit pas se faire de manière systématique. Effectuez un contrôle visuel, pot par pot, en regardant si le substrat est humide ou non : les écorces sèches ont une couleur claire, la sphaigne a un aspect blanchi. Un autre moyen est de soupeser l'orchidée dans son pot : avec l'habitude, on contrôle parfaitement le besoin en eau d'une plante de cette façon.

Une plante en repos de végétation ne doit pas être arrosée : normalement, dans une serre, l'humidité ambiante (de 60 à 80 %) suffit à la maintenir hydratée. Si les feuilles deviennent trop molles ou les pseudobulbes se rident, alors il faut arroser à nouveau.

L'arrosage se fait de préférence dans la matinée afin de laisser du temps pour le ressuyage des plantes avant la chute de température du soir, et éviter les risques de pourriture. La pratique de l'arrosage a une grande importance, non seulement pour hydrater vos plantes, mais vous permet aussi de regarder vos orchidées de manière précise, éventuellement de détecter des parasites ou un début de pourriture. Dans le doute, prenez l'option « pas d'arrosage » : les orchidées craignent plus les excès que les manques.

Versez l'eau en la répartissant autour de la plante, avec un arrosoir ou au tuyau. Évitez de mouiller l'intérieur des pousses qui peuvent ainsi pourrir. L'arrosage se réalise également par trempage **(1)** dans une bassine. C'est la meilleure méthode pour les plantes cultivées dans la sphaigne : immergez le pot ou le panier jusqu'à ce que la remontée des bulles d'air s'estompe. Le seul inconvénient de cette pratique peut être le risque de propagation de maladies, particulièrement de virus. Dans le cas d'une plante douteuse, ne la trempez pas, mais arrosez-la à part.

1. Le trempage des orchidées cultivées sur plaquettes et bûches doit se faire régulièrement tout au long de l'année : c'est une contrainte qu'il ne faut pas occulter.

Enfin, aspersez ou trempez les orchidées cultivées sur plaquettes de liège, de fougère ou sur morceaux de bois d'une à trois fois par jour en fonction de la température ambiante. C'est une contrainte qu'il ne faut pas ignorer, à moins d'installer une brumisation automatisée.

La fertilisation

Les orchidées cultivées sont majoritairement des épiphytes : elles vivent chichement, accrochées au tronc ou aux branches des arbres, parfois sur des rochers recouverts d'humus et de mousses. Leur seul apport nutritif se fait par l'eau de pluie et l'eau de ruissellement qui entraîne des éléments minéraux. Pas besoin de grand chose donc pour vivre lentement...

L'apport d'éléments nutritifs par les engrais varie selon la nature du milieu de culture : indispensable pour les supports inertes du type laine de roche, il n'est pas obligatoire mais complémentaire pour les mélanges à base d'écorces de pin, à éviter pour les substrats à base de sphaigne.

Les engrais liquides sont les plus couramment employés par les professionnels et les amateurs. Préférez une formulation équilibrée en azote-phosphore-potasse (N-P-K) par exemple du type 10.15.10 avec oligo-éléments, que vous utiliserez toute l'année sur vos plantes en période de croissance et de floraison. Certaines orchidées ne connaissent pas de repos de végétation, tels les *Phalaenopsis*, et reçoivent ainsi une fertilisation permanente.

Il existe également des engrais en granulés que l'on dispose une à deux fois par an à la surface du substrat et des engrais foliaires à pulvériser sur le feuillage des plantes. À chacun de faire des essais et de repérer le type de fertilisation qui convient.

Pour ma part, privilégiant la culture à base de substrats organiques (écorces de pin, sphaigne) qui sont naturellement nourriciers, je n'utilise aucun engrais autre qu'éventuellement du guano (fientes d'oiseaux de mer, séchées et pulvérisées) sur des plantes un peu faibles ou au feuillage jaunissant.

Vous trouverez dans le commerce les engrais spécialement dédiés aux orchidées : ils sont moins concentrés en sels minéraux que ceux pour les autres « plantes à fleurs » ou « plantes vertes ». Certains contiennent un « décalcarisant » permettant leur usage avec une eau calcaire. Bien évidemment, il faut toujours respecter le dosage prescrit sous peine de nuire aux racines. On propose parfois l'utilisation d'un engrais spécial pour la croissance car plus concentré en azote, et un autre spécifique à la floraison car plus concentré en phosphore et potasse : cela complique la vie et ce n'est pas indispensable à la réussite de votre culture.

La fertilisation se pratique sur un substrat légèrement humide, deux ou trois jours après un arrosage à l'eau pure. Alternez ainsi l'irrigation et la fertilisation à des rythmes variables dans l'année : un apport d'engrais deux ou trois fois par mois en été, une fois par mois en hiver pour les plantes encore en végétation. Ne fertilisez pas une plante en repos de végétation (caduque ou non) et encore moins celle qui serait malade. N'oubliez pas que les orchidées vivent de peu.

Avant de préparer la solution fertilisante, il est nécessaire de vérifier le pH (acidité ou basicité) et la conductivité (richesse en sels minéraux) de l'eau d'arrosage avec un pHmètre et un conductimètre. On trouve ces appareils de mesure dans les magasins spécialisés en aquariophilie. Les valeurs finales de pH doivent être comprises entre 5,5 et 6 et pour la conductivité, en moyenne de 200 à 400 µS ou microsiemens.

Bassinage et brumisation

Le bassinage et la brumisation permettent d'améliorer le taux d'humidité de l'air dans la serre et aussi de diminuer la température ambiante.

La brumisation ou pulvérisation d'eau sous forme de très fines gouttelettes se fait au moyen d'un tuyau muni d'un embout brumisateur ou d'un pulvérisateur/brumisateur manuel, plusieurs fois par jour en fonction de la saison. L'installation de diffuseurs de brouillard fonctionnant automatiquement avec des sondes d'ambiance permet de se dispenser de cette tâche répétée et de pallier aux absences **(1)**.

Par grande chaleur, vous devez impérativement bassiner : c'est-à-dire mouiller le sol des allées et sous les tablettes, parfois les piédroits (murets qui soutiennent les panneaux vitrés) et le vitrage latéral, d'une à trois-quatre fois par jour si nécessaire.

Dans le cas des orchidées à l'intérieur de l'habitation, vous ne pourrez pas agir de la sorte. Vous pouvez améliorer l'hygrométrie localement en disposant les plantes sur de larges et profondes soucoupes remplies de graviers et d'eau sans que la base des pots ne trempe. Vous devez également brumiser régulièrement le feuillage. Utilisez toujours une eau non calcaire sous peine de dépôts foliaires disgracieux et néfastes à la photosynthèse.

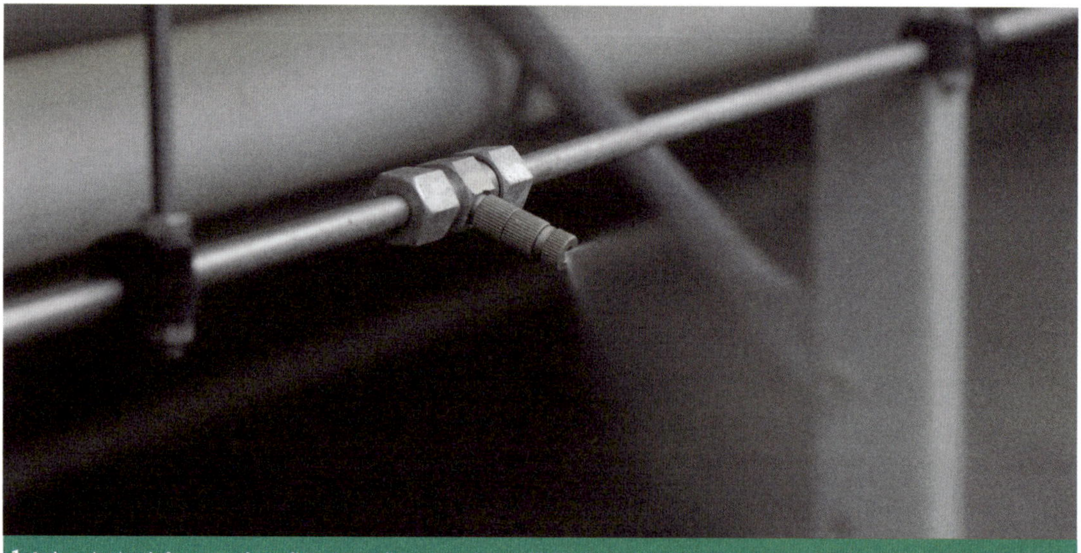

1. La brumisation de fines gouttelettes d'eau permet d'augmenter le taux d'hygrométrie dans l'air et de diminuer ainsi la température de la serre.

Problèmes culturaux

Des accidents physiologiques, essentiellement sur les feuilles, peuvent subvenir aux plantes cultivées, causés souvent par excès ou manque de lumière ou d'humidité.

Les feuilles plissées ou « en accordéon » **(2)** procèdent d'un arrosage insuffisant ou irrégulier au moment du développement des pousses : des cellules végétales normales et atrophiées se succèdent en fonction de la bonne ou mauvaise hydratation, ce qui provoque des plissures foliaires. Il suffit d'améliorer la fréquence et la quantité d'apport hydrique pour certaines orchidées à croissance rapide.

Au contraire, un jaunissement des feuilles peut être dû à un excès d'arrosage et à la pourriture des racines : laissez bien ressuyer le substrat entre deux arrosages, ne laissez jamais d'eau au fond des cache-pots et, si nécessaire, rempotez la plante dans un substrat plus drainant.

Les ponctuations noirâtres **(3)** sur les feuilles révèlent une attaque fongique liée à une trop forte hygrométrie : la ventilation et l'aération du lieu de culture doivent améliorer l'état des plantes. Le blanchiment ou le rougissement du feuillage sont la conséquence d'un éclairement trop important du feuillage : le choix d'un ombrage renforcé ou le déplacement des orchidées vers un endroit moins lumineux en sera la solution.

Les extrémités foliaires de quelques espèces sensibles aux excès d'engrais deviennent noires : il suffit d'alléger ou de supprimer les apports de sels minéraux.

Enfin l'avortement des boutons floraux se produit lorsque la température de l'air est trop élevée ou l'hygrométrie trop faible.

Il ne faut pas confondre le jaunissement et la chute normale des feuilles avec les causes citées ci-dessus. Certaines orchidées sont à feuillage caduc et perdent naturellement leurs feuilles pendant le repos de végétation. Pour celles dites à feuillage persistant, les plus anciennes feuilles se décolorent **(4)** et tombent au moment de l'apparition des nouvelles pousses.

2. Les feuilles plissées « en accordéon » sont provoquées par un arrosage irrégulier au moment de la croissance des pousses.

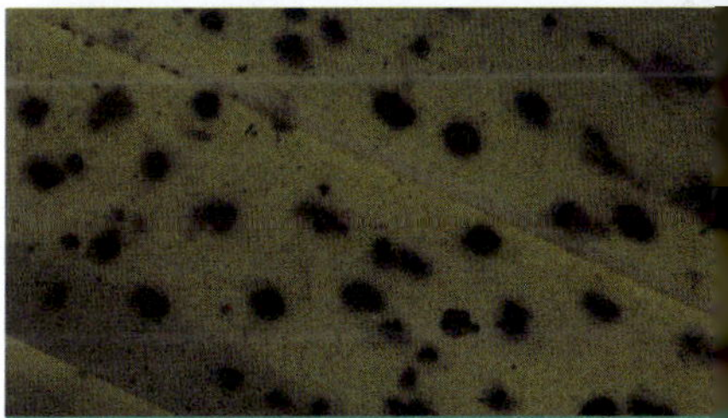

3. Les ponctuations noirâtres sur les feuilles sont la conséquence d'attaques de champigons à cause d'une mauvaise aération du lieu de culture.

4. Les feuilles anciennes changent de couleur puis tombent pendant que de nouvelles pousses se développent.

La multiplication

De manière naturelle, les orchidées se multiplient par graines. Chaque fruit comporte des dizaines, voire des centaines de milliers de semences ténues qui s'envolent au gré du vent. Le botaniste allemand Fritz Müller (1821-1897) a patiemment dénombré les graines dans un fruit de *Maxillaria* brésilien: il y en avait quelque 1756440!

C'est une stratégie de survie par le nombre : très peu de graines parviendront à se poser sur le bon support, à germer puis à se développer jusqu'à donner une plante adulte au bout de dix ans, quinze ans ou plus...

Pendant longtemps, les jardiniers ont pensé qu'il était impossible de semer ces graines d'orchidées à l'aspect de fine poussière. Aussi se sont-ils contentés de diviser les touffes des plus grosses potées ou de séparer des morceaux de plantes rhizomateuses. Au cours du xxe siècle, des techniques de semis in vitro ont été mises au point. Mais surtout, c'est l'avènement du clonage dans les années 1960 qui permet aujourd'hui de produire des millions de plantes à partir des fragments cellulaires d'un seul individu.

La multiplication végétative

La division des plantes est un des moyens à la disposition du collectionneur amateur. C'est la méthode la plus ancienne, la plus facile mais ne donnant que peu de plantes à la fois, avec un risque d'affaiblissement de la plante-mère. Les genres *Cattleya*, *Cymbidium*, *Maxillaria*, *Oncidium* se divisent aisément. Conservez au moins 3 à 4 pseudobulbes par fragment pour faciliter la reprise **(1)**.

Nous avons également le bouturage. Ce moyen reste néanmoins anecdotique, car il ne concerne que peu de genres : *Ludisia* se multiplie avec des « boutures de têtes » disposées dans un mélange de tourbe blonde et de perlite. Pour les vanilles (*Vanilla*), on utilise des boutures de tronçons ayant trois nœuds, d'environ 20 cm de long, que l'on enfonce des deux tiers après avoir supprimé les deux feuilles de la base.

Il existe une autre pratique qui est la mise en végétation des « arrière-bulbes » (ou pseudobulbes les plus anciens) détachés de leur plante-mère au moment du rempotage. Cela concerne des orchidées pourvues de gros ou grands organes de réserve, telles que *Anguloa*, *Catasetum*, *Cycnoches*, *Dendrobium*, *Lycaste* **(2)**, *Stanhopea*. Placés sur un lit de sphaigne, dans de bonnes conditions de température (20-22 °C) et d'hygrométrie (60-80 %), ils pourront soit produire un rejet à la base des pseudobulbes, soit donner d'une à plusieurs plantules sur les « cannes » au niveau des nœuds, après plusieurs mois d'attente. Lorsque les racines sont suffisamment développées après six à huit mois, on procède à l'empotage.

1. La division des orchidées peut se pratiquer sur de grosses plantes sympodiales.

2. Mise en végétation des « arrière-bulbes » d'un *Lycaste* : la séparation de la plante-mère a curieusement provoqué le développement d'un keiki !

3. Un keiki sur pseudobulbe d'un *Dendrobium* hybride.

4. On aperçoit le développement de keikis sur la base des hampes florales de *Phaius wallichii*.

La récupération des keikis **(3)** qui se forment naturellement sur les tiges, pseudobulbes ou hampes florales de genres tels que *Aeranthes, Angraecum, Dendrobium, Epidendrum, Phalaenopsis* ou *Thunia* est une autre façon bien connue d'obtenir aisément quelques spécimens. Les keikis, terme hawaïen signifiant «bébé», proviennent de l'évolution de boutons à fleurs sur des inflorescences ou des bourgeons dormants sur les organes végétatifs : en fonction des conditions environnementales et de la quantité de sève qu'ils reçoivent, ils peuvent produire des plantules. Vous pouvez ainsi provoquer l'apparition artificielle de ces keikis en tronçonnant des cannes de *Dendrobium* ou de *Thunia*, mises en végétation sur un lit de sphaigne ou de vermiculite. Plus extraordinaire encore, certaines inflorescences de *Calanthe* et *Phaius* **(4)** sont capables de donner des keikis lorsqu'elles sont disposées dans des vases en verre transparent remplis d'eau.

La multiplication sexuée

La multiplication sexuée, au contraire des moyens précédents, permet d'obtenir de très nombreux individus, tous différents. C'est très intéressant dans le cadre d'une collection botanique, car on évite ainsi l'appauvrissement génétique de la population. C'est également le moyen incontournable de créer des individus hybrides par la voie du croisement entre genres ou entre espèces. Ces pratiques concernent le jardinier-botaniste, l'orchidéiste ou encore le collectionneur expérimenté.

La première étape est la pollinisation **(5)**: on dépose les pollinies (grains de pollen agglomérés) de la plante-père sur la surface ou la cavité stigmatique de la plante-mère. Les grains de pollen vont germer et féconder les ovules contenus dans l'ovaire. En cas de succès, la fleur va faner lentement ou épaissir ses organes floraux qui perdent leur couleur, en même temps que l'ovaire augmente de volume.

5. La pollinisation d'une orchidée en vue d'obtenir des graines : on introduit une pollinie de la plante-père à l'aide d'un bâtonnet dans la cavité stigmatique de la plante-mère, ici *Maxillaria sanderiana* du Pérou.

Au contraire en cas d'échec, la fleur se détache rapidement de l'ovaire. Le fruit se développe lentement et devient mature en 3 à 4 mois pour les espèces les plus rapides (*Psygmorchis*), 6 à 8 mois pour la plupart, 12 mois et plus pour certaines autres (*Anguloa*). Peu de temps avant sa maturité, la capsule change de couleur puis s'ouvre par trois fentes longitudinales pour laisser échapper ses graines. On doit les recueillir au tout début de la déhiscence du fruit, puis les placer dans une enveloppe de papier conservée au réfrigérateur (température de 5 à 6 °C), en attendant de les semer.

Le semis requiert des compétences techniques et de l'équipement. Je connais des orchidophiles expérimentés qui pratiquent avec succès cette multiplication dans leur sous-sol ou leur garage. Alors pourquoi pas vous ?

Les graines des orchidées sont tout à fait uniques : avec leur aspect de poussière, ce sont les plus petites du règne végétal. Elles sont constituées d'un embryon entouré de deux téguments translucides qui ressemblent à un voile. De par leur constitution très légère, elles peuvent être emportées au loin par le vent et au hasard trouver un support adéquat. Ces graines étant dépourvues d'albumen (tissu de réserve), elles doivent impérativement rencontrer un champignon symbiotique qui leur apportera des éléments nutritifs, permettant ainsi la germination.

En multiplication in vitro, on remplace le champignon par un milieu gélosé stérile, riche en sucre. Ici, les fines graines au bord de la capsule mature d'un *Maxillaria fletcheriana*.

Les graines sont semées sur un milieu gélosé in vitro. La gélose est produite avec une poudre d'algues (agar-agar) que l'on réhydrate, enrichit avec du sucre et des éléments nutritifs, additionné de poudre de charbon de bois. Vous aurez compris que la plus grande difficulté est d'assurer la stérilité du support de culture et du contenant en verre. En laboratoire, les pratiques se font dans une hotte à flux laminaire.

Chez soi, on effectue l'opération dans une grande boîte en Plexiglas, avec une ouverture latérale, que l'on aura désinfectée à l'alcool. Dans les deux cas, le travail s'effectue près d'une flamme qui assure la stérilité de l'air ambiant. Les graines sont désinfectées avec de l'hypochlorite de calcium, puis étalées sur la gélose stérile. Les flacons de semis sont disposés dans un environnement adéquat : généralement placés sous lumière artificielle pendant 12 heures par jour à une température constante de 18 à 20 °C.

Dans le cas des *Paphiopedilum*, la germination se produit à l'obscurité. Ainsi les graines vont absorber l'eau et les sucres contenus dans le support artificiel et commencer à germer au bout de quelques jours à plusieurs mois.

Des amas de cellules non différenciées, les protocormes, se forment puis apparaissent des ébauches de feuilles et de racines. Le premier repiquage sur une gélose enrichie intervient assez rapidement et permet le tri entre les protocormes viables et ceux trop faibles. Un second repiquage se pratique lorsque les organes végétatifs sont suffisamment développés, au bout d'un à trois mois généralement. Un ou deux autres repiquages in vitro peuvent être nécessaires pour obtenir des plantules assez fortes. L'ultime opération est la sortie de flacon pour un repiquage in vivo **(1)**, après 10 à 18 mois selon les genres. Il faut compter encore au moins deux à trois années de culture pour observer une première floraison. Dans quelques cas, la patience doit être très grande : j'ai l'expérience d'un semis de l'orchidée *Heterotaxis valenzuelana* dont les graines ont mis 9 mois pour germer **(2)**, puis il a fallu cultiver les plantes obtenues pendant 10 ans pour en voir la première fleur !

L'hybridation

Le tout premier hybride artificiel d'orchidée, *Calanthe* Dominyi, a été obtenu en 1858 par le jardinier John Dominy qui travaillait pour l'horticulteur Veitch, à Chelsea, Angleterre. Depuis, on dénombre plus de 100 000 noms d'hybrides listés par *The International Orchid Register*, supervisé par la Société royale d'horticulture anglaise (Royal Horticultural Society) en charge de l'enregistrement de ces obtentions.

La curiosité a été la première motivation de ce processus créatif, puis l'aspect commercial a prévalu pour l'élaboration de ces hybrides qui pouvaient se vendre très cher. De nos jours, certains orchidéistes et quelques orchidophiles chevronnés poursuivent cette recherche de l'originalité et de la nouveauté **(3 et 4)**.

1. Le repiquage des jeunes plantules de *Paphiopedilum* à la sortie des flacons in vitro se fait dans un substrat de petit calibre.

2. Première floraison de l'orchidée *Heterotaxis valenzuelana*, après dix ans de culture.

3. Le croisement de *Maxillaria lehmannii* (à gauche) avec *Maxillaria pfisteri* (à droite) a permis d'obtenir l'hybride *Maxillaria* Axelle que j'ai fait enregistrer en 2010.

4. *Maxillaria* Axelle a hérité des caractères agréablement odorants de ses deux parents : une senteur très agréable, fruitée et légèrement anisée.

L'objectif de l'hybridation est de créer de nouvelles plantes aux fleurs ayant des formes et des coloris inédits. Pour cela, on marie contre-nature deux espèces qui ordinairement ne peuvent pas se rencontrer, simplement parce qu'elles n'habitent pas dans la même zone géographique ou bien qu'elles ne fleurissent pas à la même époque de l'année. On peut croiser ainsi de multiples espèces au sein d'un genre, mais également certains genres entre eux tant que l'on reste dans une même tribu: par exemple *Epidendrum* et *Cattleya* chez les Épidendrées.

Et puis il s'avère possible d'associer un hybride avec une espèce, un hybride avec un hybride, etc. Cela augmente ainsi le nombre des possibilités bien que certains croisements n'apportent finalement plus grand chose d'original.

Le célèbre botaniste anglais John Lindley (1799-1865), considéré comme le père de l'orchidologie, s'était écrié fort à propos à la vue des premiers hybrides horticoles : « ils vont nous rendre fous ! »

Le processus de création d'un hybride est fort long : il faut généralement attendre de 3 à 10 ans pour avoir le plaisir de contempler une première fleur. Les individus issus d'un croisement primaire, une espèce par une autre espèce, se révèlent assez homogènes. En revanche, ceux issus de croisements complexes, une espèce avec un hybride, peuvent être très hétérogènes. Aussi faut-il opérer une sélection des meilleurs individus obtenus par semis, puis les multiplier par bouturage de méristèmes. Des millions de *Phalaenopsis* aux traits similaires sont ainsi produits par le biais du clonage.

L'ultime plaisir de l'hybrideur est dans la nomination de sa création. En horticulture, il est d'usage courant de rendre hommage à des personnes célèbres, familières, à des lieux, des événements, etc. Des hybrides anciens retracent les événements historiques d'une période: *Paphiopedilum* Stalingrad (enregistré en 1942), *Cymbidium* General Montgomery (1943) et Brassocattleya Général de Gaulle (1944) nous rappellent la Seconde Guerre mondiale.

Les méristèmes sont des tissus indifférenciés que l'on trouve dans les zones de croissance et particulièrement dans les bourgeons. On peut prélever ces apex et les cultiver in vitro, sur un milieu gélosé stérile, avec des hormones et des vitamines, en vue d'obtenir une prolifération de petites plantules. On les multiplie à leur tour par microbouturage pour avoir de nouvelles plantes absolument identiques : c'est la technique employée pour le clonage.

1. Une orchidée hybride vendue sous le nom Cambria.

De nos jours, en horticulture industrielle, au mieux il y a des numéros, parfois des appellations qui n'ont de valeur que pour le producteur : ainsi les Cambria que l'on trouve couramment en jardinerie n'existent pas officiellement ! Ce sont pour la plupart des hybrides d'*Odontoglossum* et autres Oncidiées. L'utilisation impropre de ce nom fait référence à un hybride trigénérique (*Odontoglossum* x *Cochlioda* x *Miltonia*) très renommé, *Vuylstekeara* Cambria 'Plush', qui fut reproduit massivement dans les années 1970-80 **(1)**.

Les moyens de lutte culturale, biologique et raisonnée sur les orchidées

Les orchidées vivent en parfaite harmonie dans leurs milieux naturels ; si les conditions environnementales ne sont pas réunies, notamment la présence de champignons symbiotiques, elles ne peuvent s'y développer. Ainsi, les plantes qui arrivent à s'installer sont ordinairement peu nombreuses et très disséminées, ce qui leur évite de subir des attaques parasitaires généralisées.

Le problème qui se pose dans nos cultures, vous l'aurez compris, est la concentration et la proximité de plantes d'une même famille, voire d'un même genre (que des *Phalaenopsis* par exemple), dans un environnement artificiel : ceci favorise grandement les insectes et les maladies. De façon idéale, on peut dire qu'une plante bien cultivée ne sera ni malade, ni parasitée. Nous allons voir que par des moyens simples, naturels et des pratiques de bon sens, nous pouvons facilement protéger et soigner nos orchidées.

Des mesures de précaution

Lors de l'acquisition de plantes, vous devez impérativement vérifier leur état sanitaire : il est hors de question de « laisser entrer le loup dans la bergerie ».

Si vous achetez directement des spécimens dans une jardinerie ou chez un producteur, il vous sera facile d'éviter les plantes douteuses ; généralement, le problème ne se pose pas avec les horticulteurs européens. En revanche, dans le cas d'achat à distance, surtout pour des plantes provenant de pays tropicaux, il faut vérifier sérieusement leur état à réception et refuser celles qui sont malades ou parasitées. Il est donc nécessaire de faire un contrôle visuel sérieux **(1)** du feuillage et des pseudobulbes, surtout dans les gaines qui les entourent, avec une loupe (x 10 **(2)**, voire une loupe binoculaire pour confirmer notamment la présence d'acariens. On supprime les éventuelles parties abîmées telles que racines, feuilles ou pseudobulbes, et on applique un traitement préventif à large spectre (voir infra) par pulvérisation ou trempage **(3)**, suivi d'une mise en quarantaine si possible. Dans le cas de plantes livrées en pot ou godet, il peut être intéressant de les dépoter afin de vérifier la présence ou non de nuisibles, tels les cafards, dans le substrat. Si la plante est en période de croissance, avec présence de pousses à la base du pseudobulbe, c'est l'occasion de la rempoter et de changer ce substrat.

Ces vérifications sont primordiales dans le cadre d'échanges ou de dons entre collectionneurs. Je vois malheureusement trop de plantes virosées dans les cultures d'amateurs et souvent la présence de cochenilles ou d'acariens.

1. Le contrôle de l'état sanitaire est indispensable pour les nouvelles plantes qui rentrent dans une collection.

2. Une minuscule limace découverte dans la gaine d'une orchidée en provenance d'un orchidéiste péruvien. Les limaces sont hermaphrodites et chacune d'entre elles peut pondre des dizaines d'œufs.

3. Un traitement préventif par trempage avec du savon noir et de l'huile essentielle de cannelle est une bonne pratique. Il ne faut pas hésiter à nettoyer au pinceau entre les gaines et les pseudobulbes.

1. De grands ventilateurs dans une serre d'orchidées des Jardins botaniques royaux de Kew.

2. Une végétalisation sous tablette réalisée avec *Pilea nummulariifolia*, dans la serre de collection du Jardin du Luxembourg à Paris.

Culture

La maîtrise de la culture est ensuite un facteur important pour éviter les maladies et parasites. Il faut respecter le rythme des rempotages, choisir le bon substrat et le contenant ou support adéquat, la fréquence de l'arrosage, de la fertilisation. À titre d'exemple, une plante qui subit un excès d'azote sera plus attractive pour les pucerons.

La régulation du climat des serres a son importance dans la gestion des problèmes phytosanitaires.

Il faut privilégier, tant que faire se peut, la culture des orchidées à des températures moyennes, voire fraîches. Pendant la mauvaise saison, de novembre à mars, je cultive mes orchidées andines (et quelques amazoniennes) pour le mieux entre 12 °C la nuit et 15 °C le jour : en conséquence, je n'ai aucune attaque de cochenille ou de thrips et les éventuels acariens ou aleurodes vivent au ralenti.

Autre point d'importance, l'aération : il faut éviter le confinement qui facilite les maladies cryptogamiques (taches noires foliaires) et aérer régulièrement le lieu de culture. En hiver, il est plus délicat de faire entrer de l'air froid, mais on peut aérer brièvement dès que le thermomètre atteint 10° C à l'extérieur.

La ventilation avec des brasseurs d'air électriques **(1)** permet d'éliminer la lame d'eau qui peut subsister sur le feuillage après l'arrosage. Ceci évite le développement des champignons et des bactéries. Au contraire, la brumisation et les bassinages favorisent l'augmentation de l'hygrométrie de l'air, diminuent la température de la serre et des plantes en période estivale, évitant les brûlures et dessèchements foliaires, freinant aussi le développement des acariens et des thrips.

L'entretien de la serre a son importance. Une serre propre offre moins d'abri aux parasites. Il faut désherber dans les pots et sous les tablettes, car certaines adventices sont des hôtes secondaires pour les parasites : par exemple, le laiteron (*Sonchus*) attire les aleurodes et les pucerons. La végétalisation sous tablette s'avère intéressante pour se passer de cet entretien, améliorer l'ambiance et permettre à des insectes auxiliaires d'y trouver refuge. Privilégiez des plantes évaporantes et adaptées à beaucoup d'humidité et une faible lumière, telles que les fougères, les sélaginelles, la misère (*Tradescantia*), etc. **(2)**

Il ne faut pas négliger de vider la poubelle régulièrement car c'est une source potentielle de contamination : par exemple, des cafards ou des limaces peuvent être présents dans le substrat d'une plante que vous venez de rempoter.

Favoriser les auxiliaires

Les ennemis de nos amies orchidées ont aussi des ennemis. C'est à partir de cette idée intéressante que s'est développée la lutte biologique : faire appel à tous les prédateurs et parasites naturels qui peuvent nuire aux ravageurs des cultures. Ce postulat n'est pas nouveau et je citerai l'orchidophile anglais Lewis Castle qui écrivait en 1886 : « Un petit être bien utile dans les serres est la grenouille verte. Elle est le destructeur d'insectes le plus persévérant et le plus vorace ; deux à trois de ces animaux dans une collection sauveront le cultivateur d'une masse d'ennemis. » De là à lâcher des grenouilles dans votre serre, à vous de voir... **(3)**

Les insectes et acariens sont de précieux auxiliaires pour les horticulteurs, jardiniers et amateurs de plantes. Si vous vous intéressez aux végétaux, il vous faut connaître ces petits animaux, indispensables à la biodiversité mais souvent mal aimés des humains. Apprenez à les reconnaître et à distinguer les utiles des nuisibles : les salticies **(4)** sont de toutes petites araignées fréquentes dans les serres et nos habitations, de très grandes chasseuses qui ne tissent pas de toiles, mais parcourent leur environnement et attrapent leurs proies en faisant des petits sauts.

Pour vous donner une idée de l'efficacité des insectes prédateurs d'autres insectes, un jour j'ai malencontreusement détruit le nid en fibres de bois d'une guêpe solitaire, un sphégien, installée entre les deux vantaux d'une fenêtre que je n'ouvrais pas souvent. J'y ai découvert une trentaine d'insectes, tous de couleur verte, destinés à nourrir les futures larves : vingt-neuf sauterelles et malheureusement aussi une chrysope. Les sphégiens attrapent également des araignées, des blattes, des punaises, des charançons, des chenilles de papillon et des mouches.

Afin de favoriser la présence des auxiliaires, il est indispensable de végétaliser la serre, ou l'habitation, avec diverses plantes tropicales : les fougères et les bégonias s'accordent bien avec les orchidées. Pourquoi ne pas installer un mur végétal dans une serre adossée (serre appuyée contre un mur) ou bien planter des végétaux sous les tablettes ? Cependant évitez les Solanacées (famille de la tomate) qui bien souvent sont attractives pour les acariens, les aleurodes et les thrips. La végétalisation autour de la serre avec des haies

3. À défaut d'une grenouille, un crapaud fera l'affaire !

4. Une salticie ou araignée sauteuse : la saltique laineuse (*Pseudeuophrys lanigera*) mesure de 3 à 5 millimètres.

1. Les *Pinguicula* ou grassettes sont de jolies plantes carnivores qui attrapent de nombreux petits insectes. Anciennement, elles étaient très employées dans les cultures d'orchidées.

2. Un trombidion soyeux (*Trombidium holosericeum*) sur une feuille de l'orchidée *Bletilla striata*. Ce sont des acariens très mobiles, constamment à la recherche de proies à dévorer.

3. Plusieurs espèces de coccinelles de nos jardins.

et plates-bandes fleuries est favorable aux insectes auxiliaires. On peut de cette façon leur assurer le « gîte et le couvert » : les larves de chrysope, coccinelle et syrphe consomment de nombreux parasites, mais les adultes mangent aussi du pollen. Les potentilles, de la famille des Astéracées, sont un bon exemple de plantes décoratives et très mellifères. Et puis si vous disposez d'un jardin, laissez un coin un peu en friche avec un tas de bois que vous n'utiliserez pas : les auxiliaires y trouveront refuge, surtout l'hiver, et c'est bien plus efficace que les « hôtels à insectes » !

La présence de plantes carnivores parmi vos orchidées peut aider aussi à éliminer des parasites. Les *Drosera, Nepenthes* et *Pinguicula* sont très efficaces mais malheureusement non sélectifs **(1)**.

Pendant la période hors gel (de mi-mai à octobre au nord de la Loire), n'hésitez pas à sortir les orchidées parasitées dans votre jardin, ou sur votre balcon, car les insectes vont les nettoyer rapidement en une quinzaine de jours.

Voici les principaux auxiliaires naturels que l'on trouve aussi bien à la campagne que dans les milieux urbanisés :

- des acariens et araignées prédateurs (salticies, trombidions **(2)** contre les acariens phytophages
- des chrysopes (larves) contre acariens, aleurodes, cochenilles et pucerons
- des coccinelles (larves et adultes) contre les cochenilles et pucerons **(3)**
- des guêpes parasitoïdes (adultes) contre les cochenilles et pucerons
- des syrphes (larves) contre les cochenilles et pucerons

Ces auxiliaires n'ont qu'un seul défaut : entre les mois de novembre et mars, leur activité se trouve fortement réduite. Ils vivent cachés en attendant les beaux jours, sous forme adulte ou larvaire.

Maladies et moyens de lutte

Les orchidées s'avèrent peu enclines aux maladies. Elles peuvent être d'origine cryptogamique (les champignons microscopiques), bactérienne ou virale. Les deux premières infectent parfois seulement une portion des plantes. Si vous les décelez à temps avant la propagation à tout l'organisme végétal, ces maladies se soignent assez correctement. Pour les virus, malheureusement, on n'a pas d'autre moyen que de surtout éviter l'infection. Parfois le diagnostic se révèle difficile à poser : en fonction des genres d'orchidées, certaines taches et nécroses foliaires peuvent être aussi bien la conséquence d'une maladie que d'une attaque parasitaire.

Les pourritures

Les orchidées épiphytes vivent parfaitement adaptées à leurs milieux naturels, souvent très humides, mais toujours ventilés. Leurs organes végétatifs plus ou moins coriaces résistent normalement bien aux agents pathogènes : certaines espèces se sont adaptées en croissant vers le sol, ayant des feuilles pendantes et recouvertes d'une pruine protectrice (*Ida dyeriana*, *Prosthechea citrina*). Ces mêmes plantes cultivées en milieu artificiel pourraient se trouver fragilisées à cause d'une atmosphère par trop confinée **(4)**.

Ainsi peut-on constater des pourritures cryptogamiques causées par *Phytophtora* **(5)** et *Pythium* au niveau des racines ou du rhizome, par *Cercospora* sur les feuilles, par *Botrytis* au niveau des fleurs.

Les pourritures bactériennes générées par *Erwinia* et *Pseudomonas* **(6)** se produisent au niveau des pseudobulbes et des feuilles. On les distingue des précédentes par leur développement fulgurant et une odeur souvent nauséabonde.

On évitera ce genre de problème en gérant au mieux sa culture : emploi systématique du drainage (billes d'argile) pour le rempotage, d'un substrat drainant et bien aéré, additionné de charbon de bois en morceau pour les plantes sensibles, un arrosage et une fertilisation sans excès avec de l'eau à température ambiante (en moyenne 18 °C), une aération journalière et une ventilation permanente du lieu de culture afin de faire ressuyer les feuilles et limiter les excès d'humidité dans l'air.

4. *Ida dyeriana* est une orchidée épiphyte de Bolivie, Équateur et Pérou. Elle a la particularité de pousser vers le sol, d'avoir des feuilles recouvertes d'une pruine et des fleurs vertes pendantes.

5. Les pourritures cryptogamiques sont à craindre après un rempotage ou en cas d'excès d'arrosage.

6. Les pourritures bactériennes surviennent à cause de blessures et/ou d'eau stagnante sur les pseudobulbes et les feuilles.

Si malgré toute ces bonnes pratiques, vous découvrez une pourriture, vous devez intervenir rapidement pour sauver la plante : supprimez les parties trop atteintes et appliquez du charbon de bois en poudre sur les coupes et les plaies, mettez de la cannelle en poudre sur les pourritures localisées (tache sur feuille ou pseudobulbe), suspendez les arrosages pendant une quinzaine de jours, augmentez provisoirement la température de la serre, aérez, ventilez et, si possible, isolez la plante contaminée.

Les viroses

Les maladies virales concernent surtout les orchidées des collections anciennes. Les jeunes plantes vendues par les spécialistes de l'horticulture ne sont pas touchées par les virus, car elles proviennent généralement de multiplication in vitro (semis, micro-bouturage). Ces virus, au développement très lent, sont essentiellement transmis par les acariens ou les insectes piqueurs-suceurs, par les blessures causées lors des pratiques de rempotage ou d'entretien des plantes. La régulation des attaques parasitaires et le respect des précautions d'usage doivent éviter la propagation des maladies virales. Ainsi dès que vous intervenez sur vos protégées (rempotage, taille des fleurs fanées et des feuilles sèches), désinfectez les outils avec de l'alcool ou mieux en les passant à la flamme entre chaque plante. Une autre recommandation utile : entre deux usages, lavez les pots dans une dilution d'eau de Javel, puis rincez-les bien à l'eau.

La détection visuelle se fait par l'intermédiaire des symptômes suivants : marbrure du feuillage, taches nécrotiques des feuilles, décoloration des fleurs, déformation des fleurs, affaiblissement de la plante. Attention, certains symptômes foliaires peuvent être liés à des carences nutritives ou à des excès de lumière (jaunissement, voire brûlures du feuillage). Le seul moyen infaillible pour confirmer ou non la présence de virus est l'emploi des tests virologiques. Depuis la pandémie de Covid 19, nous sommes malheureusement tous devenus des familiers de ces pratiques. Il en existe principalement deux sortes : le test sérologique avec la recherche des anticorps et le test PCR (*Polymerase Chain Reaction*) avec la recherche des gènes viraux. Ce dernier s'avère 100 fois plus sensible à la présence d'un virus : il se révèle donc plus fiable mais se pratique uniquement en laboratoire. Au contraire, les tests ELISA (*Enzyme Linked Immuno Sorbant Assay*) peuvent être utilisés directement sur le terrain, dans les cultures. Ils sont employés par les professionnels pour contrôler leurs productions végétales.

Voici les trois principaux virus qui peuvent affecter les orchidées :

- **Le CymMV** ou virus de la mosaïque du *Cymbidium* est transmis par les insectes piqueurs-suceurs (cochenilles et pucerons) ou par les outils **(1)**.
- **L'ORSV** ou virus de la tache circulaire de l'*Odontoglossum* est transmis par les insectes piqueurs-suceurs (cochenilles et pucerons) ou par les outils **(2)**.
- **L'OFV** ou virus de la moucheture de l'orchidée est transmis uniquement par l'acarien *Brevipalpus californicus* ou par les outils **(3)**.

Véritable hantise des horticulteurs, les viroses font l'objet d'une grande attention de leur part et d'une implacable sévérité : toute plante infectée est détruite. De même pour l'orchidophile, il n'y a pas d'autre solution que l'élimination du végétal virosé : par prudence, il ne faut pas composter la plante ni récupérer le contenant.

Parasites et moyens de lutte

Le contrôle visuel régulier de vos plantes est primordial : l'arrosage s'avère le moment privilégié pour faire « du plante par plante ». Les recoins d'une serre, les endroits les moins accessibles comme les tablettes aériennes, les espaces proches des chauffages se révèlent bien souvent des endroits favorables aux attaques parasitaires. La trop forte concentration de plantes peut faciliter la propagation des parasites ; bougez vos potées, changez-les de place régulièrement et distancez-les autant que possible.

Regardez bien vos plantes donc : ouvrez l'œil et achetez-vous une petite loupe pour quelques menus euros, voire encore mieux, une loupe binoculaire pour une centaine d'euros. On ne voit pas facilement les parasites, souvent minuscules ou cachés dans les gaines ou sous les feuilles, mais ils laissent bien souvent des indices qui attirent le regard. Par exemple, les cochenilles et les pucerons rendent les feuilles brillantes et collantes à cause de leurs déjections, le miellat. Parfois le feuillage se recouvre d'une sorte de suie à cause d'un champignon, la fumagine.

1. Symptôme du virus de la mosaïque du *Cymbidium*.

2. Symptôme du virus de la tache circulaire de l'*Odontoglossum*.

3. Symptôme du virus de la moucheture de l'orchidée.

La présence des fourmis qui raffolent de ces excrétions sucrées est un autre moyen pour déceler une attaque d'insectes piqueurs-suceurs.

La décoloration du feuillage nous donne d'autres informations : une couleur terne, un peu plombée sur le dessus avec des petites taches noires sphériques et luisantes dessous indiquent une attaque de thrips ou d'échinothrips. Un jaunissement ou une couleur cuivrée face supérieure des feuilles et des plages grises en dessous résultent d'une acariose (acariens jaunes et rouges) **(1)**.

Vous avez identifié les parasites, maintenant de quels moyens disposez-vous pour les éliminer? Ne comptez pas sur moi pour vous conseiller des pesticides. L'époque du traitement chimique de synthèse est révolue : prenez soin de vous, de vos plantes chéries et de l'environnement en travaillant avec la nature et non pas contre. Zéro phyto pour cultiver les orchidées, c'est possible!

1. Décoloration des feuilles d'un *Cymbidium*, conséquence d'une acariose.

Nous avons déjà vu que des auxiliaires naturels pouvaient nous aider à combattre les ravageurs de nos cultures. Si cela ne suffit pas, surtout en période hivernale, il existe d'autres moyens : les plaques engluées de couleur bleue, jaune ou orange se révèlent efficaces mais peu sélectives. Elles doivent être placées à 15-20 cm au-dessus des plantes.

Le nettoyage des foyers de cochenilles peut se faire avec de l'alcool à 70° en application au pinceau. Utilisez aussi le savon noir liquide dilué (agréé en agriculture biologique) pour éliminer les pucerons au pinceau ou en pulvérisation. Un ajout d'huiles essentielles de cannelle, de neem et d'orange douce donnent de meilleurs résultats. Attention, respectez bien les dosages et les pratiques d'usage (gants, masque, lunettes, voire combinaison de traitement) car ces huiles essentielles, malgré leur origine végétale, ne sont pas si anodines pour nous. À titre d'exemple, l'huile essentielle de cannelle s'avère corrosive et photosensible.

Une orchidée parasitée doit être rapidement traitée et isolée au besoin pour éviter la propagation des parasites. Dans le cas d'une attaque importante, vous pouvez sortir le ou les spécimens à l'extérieur dès que la température atteint 15 °C en moyenne, afin d'être nettoyée par les auxiliaires naturels.

Voici la liste des principaux ravageurs et les moyens pour s'en débarrasser :

- **Les aleurodes ou mouches blanches** sont souvent favorisées par la proximité d'autres végétaux plus attractifs (Ficus, pommiers d'amour). Elles se combattent avec du savon noir liquide additionné d'huile essentielle d'orange douce, la mise en place de plaques jaunes ou orange.

- **Les cochenilles à carapace, les cochenilles farineuses (2)** et les cochenilles diaspines **(3)** sont les parasites les plus fréquents sur les orchidées et les plantes tropicales en général. Utilisez le savon noir liquide et l'huile essentielle de cannelle de Ceylan (*Cinnamomum verum*) en pulvérisation et le badigeonnage d'alcool à 70° sur les petits foyers. La diminution de la température du lieu de culture (en dessous de 18 °C) ralentit fortement leur développement.
- **Les pucerons sont bien connus pour attaquer un très grand nombre de plantes ornementales ;** les orchidées font partie de leur menu, notamment celles avec des fleurs de couleur jaune. La présence de quelques individus peut se gérer en les brossant simplement avec un pinceau sec. En cas d'attaque sérieuse, stoppez-les avec un badigeonnage ou une pulvérisation de savon noir liquide et d'huile essentielle de cannelle, voire un badigeonnage d'alcool à 70° **(4)**.
- **Les tétranyques et fausses tétranyques, appelés acariens ou araignées jaunes ou rouges,** se développent sous les feuilles en période chaude et sèche. L'utilisation du savon noir liquide et de l'huile essentielle de neem (*Azadirachta indica*) est efficace. Une augmentation de l'hygrométrie et une diminution de la température du lieu de culture, le bassinage du dessous des feuilles des plantes atteintes nuisent à leur développement.
- **Les thrips et échinothrips** sont de redoutables parasites qui peuvent nuire fortement aux orchidées. À l'instar des acariens, ils prolifèrent pendant la saison estivale et causent de sérieux dégâts sur les fleurs pour les thrips et sous les feuilles pour les échinothrips. La pulvérisation de savon noir liquide avec de l'huile essentielle de neem, de l'huile essentielle d'orange douce, la mise en place de plaques bleues, des copieux bassinages et une diminution de la température du lieu de culture permettent de lutter contre ces nuisibles **(5)**.

2. Cochenilles farineuses.

3. Cochenilles diaspines.

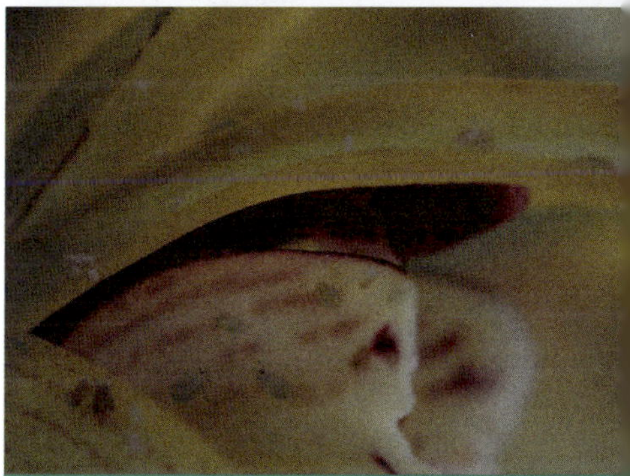

4. Des pucerons sur une fleur de *Maxillaria porphyrostele*.

5. Les plages grises et les déjections noires sous les feuilles d'orchidées sont caractéristiques des attaques d'échinothrips.

1. La chrysope *(Chrysopa perla)*

2. Le redoutable acarien *Brevipalpus californicus* ne mesure qu'un quart de millimètre. (photo E W Kitajima).

3. Symptôme du virus de la moucheture de l'orchidée (OFV) sur une fleur de *Maxillaria*.

Il existe un insecticide à base de pyréthrine naturelle (issue de la pyrèthre, une plante proche de la camomille) : il se révèle efficace sur de nombreux insectes mais non sélectif, il tue aussi les auxiliaires. Il n'a pas d'efficacité sur les acariens.

Les traitements avec des purins sont certainement possibles, celui de fougère notamment, mais j'avoue n'en avoir aucune expérience personnelle.

Certains auxiliaires destinés à la lutte biologique sont accessibles au grand public. Ils doivent être introduits sur les cultures, au plus près des foyers de parasites, notamment la chrysope **(1)**, surnommée le «lion des pucerons», dont les larves très voraces consomment de nombreuses sortes de proie (acariens, aleurodes, cochenilles, pucerons).

Brevipalpus californicus et OFV : un mariage pour le pire!

Depuis quelques années se répand un mal sournois dans les collections d'orchidées : des taches brun noirâtre, parfois nécrotiques, se développent sur le feuillage et les pseudobulbes de certains spécimens. C'est la conséquence de l'attaque d'un micro-acarien, *Brevipalpus californicus*, qui en consommant la sève injecte les éléments viraux de *Dichorhabdovirus*.

Brevipalpus californicus **(2)** est probablement originaire de l'Amérique tropicale. Il intéresse les scientifiques depuis 1904 quand il est identifié comme ravageur des orangeraies de Californie. Cette peste des agrumes ou «Citrus leprosis» se régale d'une large gamme végétale dont nos chères orchidées. Cet acarien de couleur corail avec deux taches noires latérales s'avère difficile à détecter : la femelle mesure 0,228 mm et le mâle à peine 0,5 mm, invisibles à l'œil nu donc!

Dichorhabdovirus est d'origine incertaine. Il a été premièrement décrit au Japon en 1969 à partir d'un *Cymbidium* malade. Ce virus a pris de l'ampleur ces trente dernières années avec l'accroissement du commerce international. Depuis, il a été signalé en Allemagne, Australie, Brésil, Corée, Danemark, États-Unis, France et Japon. En 1998, le professeur Tanakori Maeda a démontré que *Brevipalpus californicus* est l'unique vecteur de l'«Orchid Fleck Virus» ou Virus de la moucheture de l'orchidée **(3)**.

Les plantes atteintes perdent rapidement de la vigueur, ne fleurissent plus et au bout de six mois à un an sont dans un état si lamentable qu'il ne reste plus qu'à les jeter. La solution est de surveiller la présence de l'acarien et de traiter si nécessaire tous les 8 à 10 jours jusqu'à son éradication totale. En peu de mots : pas d'acarien, pas de virus!

Autres ravageurs des orchidées

Les blattes peuvent causer des dégâts, surtout aux jeunes plantes et parfois les fleurs. Les appâts empoisonnés sont à recommander ainsi que les plantes carnivores à urnes comme les *Nepenthes*.

Les millepattes et autres cloportes sont fréquemment cités parmi les ravageurs. Pourtant ils ne représentent pas un danger pour vos orchidées : les premiers se régalent de la micro-faune présente dans le substrat, les seconds sont plutôt détritivores.

Les limaces et escargots **(4)** posent eux de sérieux problèmes dans les serres et au jardin : ils adorent tout particulièrement les feuilles charnues des *Phalaenopsis*! Pour éviter les attaques de gastéropodes à l'extérieur, disposez simplement vos potées en hauteur : sur tréteaux et tablettes sous des ombrières, en suspension dans des paniers accrochés dans les arbres. En serre, il existe plusieurs solutions écologiques : le piégeage avec des rondelles de carotte posées à la base des plantes, avec des soucoupes remplies de bière disposées entre les pots, ou bien encore les appâts empoisonnés à base de phosphate ferrique. Et puis n'oublions pas les grenouilles!

Les chenilles de papillon, notamment les noctuelles, se délectent parfois des boutons floraux **(5)**. Ces attaques ciblées se produisent essentiellement au printemps puis en fin d'été-début d'automne. Le prélèvement manuel est possible, mais très aléatoire. Le traitement biologique avec *Bacillus thuringiensis* ou « Bt » s'avère très efficace, mais il faut patienter 8-10 jours pour mettre les chenilles hors d'état de nuire.

Il existe aussi des problèmes liés à l'introduction de fourmis exotiques dans les collections de jardins botaniques. Ces fourmis peuvent s'installer durablement dans les cultures et nuire à la lutte biologique : non seulement elles empêchent les auxiliaires de dévorer les insectes parasites producteurs de miellat mais en plus elles mangent les sachets contenant les œufs ou larves de ces auxiliaires. Je n'ai pas encore entendu parler de ce problème dans les collections privées, mais faites bien attention de ne pas ramener chez vous un petit souvenir exotique que vous pourriez regretter.

4. Dégâts de limace sur feuille de *Phalaenopsis*.

5. Une fleur mutilée après que le bouton floral a été grignoté par une chenille.

1. Le traitement au savon noir et aux huiles essentielles peut se faire par pulvérisation, badigeonnage ou trempage.

2. Les larves de la coccinelle *Scymninae* ressemblent quelque peu à des cochenilles mais à leur différence, elles se déplacent très rapidement à la recherche de proies à dévorer : notamment des pucerons, des cochenilles et des acariens.

Le traitement au savon noir et à l'huile essentielle de cannelle

Voici un traitement que vous utiliserez en préventif, lorsque vous recevrez de nouvelles plantes, et en curatif si, par malchance, vous aviez malgré tout une attaque parasitaire. La cannelle possède de multiples vertus : elle est fongicide, bactéricide et insecticide **(1)**.

Je vous conseille de prendre toujours des produits de première qualité et dans le cas du savon noir liquide, appelé aussi savon mou, un produit certifié pour l'agriculture biologique (Ecocert). Pour l'huile essentielle de cannelle, prenez uniquement de l'extrait d'écorce de cannelle de Ceylan (*Cinnamomum verum*) : c'est la meilleure.

La préparation de la bouillie de traitement se fait en mélangeant 1 l d'eau tempérée, 15 ml de savon noir (ou 1 cuillère à soupe) et 0,25 ml d'huile essentielle (ou 5 gouttes). Il faut bien agiter la bouillie afin d'éclater les gouttelettes dans le liquide.

On peut l'utiliser par trempage, badigeonnage ou pulvérisation. La préparation peut se conserver quelques jours si besoin. Les consignes de traitement et d'après traitement sont identiques à celles des pesticides, ne serait-ce que par prudence : protégez-vous lors de la préparation et de l'utilisation du traitement, ne restez pas dans votre serre après le traitement. L'odeur puissante des huiles essentielles, agréable pour la cannelle mais piquante pour le neem, devrait vous en dissuader.

La préparation des traitements avec les huiles essentielles de neem et d'orange douce est identique.

La lutte biologique

La lutte biologique est plutôt réservée aux professionnels de l'horticulture. C'est un moyen efficace sur le long terme, mais coûteux et difficile à mettre en œuvre. Pour réussir à lutter de manière naturelle contre les ravageurs, il faut trouver un équilibre dans la serre : un grand volume de culture avec une bonne gestion du climat, de la diversité végétale et la mise en place régulière des auxiliaires sont les clefs principales du succès **(2)**.

Les orchidéistes du XIXe siècle disposaient de peu de moyens pour se débarrasser des parasites, mis à part les fumigations de tabac. Le XXe siècle fut celui du tout pesticide, surtout après la guerre de 1914-1918 : en effet, les fabricants d'armes chimiques se sont reconvertis en fabricants d'engrais et produits de traitement agricoles pour écouler leurs stocks !

On a utilisé ce genre de poison dans les cultures d'orchidées, notamment des fumigants aux organo-phosphorés, jusque dans les années 1990. Heureusement, depuis vingt ans, un changement de cap à 180° s'est opéré en horticulture : de nombreux pesticides ont été interdits et de nouveaux moyens de lutte ont été développés. Ainsi contre le redoutable *Brevipalpus californicus*, vecteur du virus OFV, peut-on utiliser deux moyens non chimiques qui donnent de bons résultats : la pulvérisation d'un sucre, la Maltodextrine, qui englue et étouffe les parasites, et les lâchers d'un acarien prédateur d'acariens, *Phytoseiulus persimilis* **(3)**.

Actuellement, les professionnels de la lutte biologique proposent une large gamme aux horticulteurs. Le choix pour les amateurs est encore restreint en dehors des larves de chrysopes et coccinelles. Comme je l'ai dit plus avant, ce sont des auxiliaires présents naturellement dans notre environnement. Aussi, point besoin d'en acheter, mais ouvrez plutôt en grand vos portes et vos fenêtres !

3. La lutte biologique pour les professionnels de l'horticulture : l'acarien prédateur *Phytoseiulus persimilis* est disposé en sachet sur les plantes, serre de collection du Jardin du Luxembourg, à Paris.

Peristeria elata est originaire du Panama. La curieuse forme du labelle lui vaut le nom commun « orchidée aux colombes ». Les fleurs de texture cireuse sont de longue durée et très agréablement odorantes, fruitées et sucrées.

Dendrobium fimbriatum présente un remarquable labelle fimbrié : c'est-à-dire à bord frangé. On le rencontre dans de nombreux pays de l'Asie du Sud-Est. Les fleurs de 5 centimètres d'envergure sentent fortement comme le colza.

Guarechea Black Comet est un hybride intergénérique entre un *Guarianthe* et un *Prosthechea*. Enregistré tout récemment en 2020, il connaît un grand succès auprès des orchidophiles pour le coloris de ses fleurs et leur parfum de chocolat sucré.

Calanthe Baron Schröder a été enregistré en 1894 comme hybride nouveau. En fait comme les parents sont considérés aujourd'hui synonymes, cette obtention n'est qu'une amélioration de *Calanthe vestita*. Ces plantes produisent des inflorescences spectaculaires qui perdurent plus de deux mois.

PARTIE 3

Des orchidées à cultiver

De A à Z... ou presque !

Des orchidées à découvrir et à cultiver

Les orchidées, c'est pas moins de 850 genres, 30 000 espèces et 100 000 hybrides. Dans ce vaste choix, vous trouverez forcément celles qui vous plairont le plus et qui conviendront aux conditions que vous pouvez leur offrir. Et puis il y a toujours les coups de cœur, personne n'y échappe...

Je vous propose de passer en revue quelques-uns des principaux genres, de ceux que l'on trouve le plus facilement dans le commerce: soit en jardinerie pour les plus communes ou chez des orchidéistes pour les espèces et hybrides d'exception.

Je commencerai par la star des ventes, autrement dit le *Phalaenopsis*, avant de poursuivre l'énumération des autres genres suivant un ordre alphabétique. Il est à noter que je donne ici des conseils de culture généraux qui conviendront à la majorité des hybrides et la plupart des espèces; ceci dit, il peut être nécessaire de rechercher plus d'informations pour certains taxons particuliers.

Un bel exemple de décor pour mettre en valeur des orchidées : ici lors d'une exposition à l'Abbaye de Moncel (Oise) en 2015.

Les Phalaenopsis

DEPUIS LA PREMIÈRE FLORAISON EN ANGLETERRE D'UN *PHALAENOPSIS AMABILIS* EN 1846, CE GENRE D'ORCHIDÉE AUX GRACIEUSES FLEURS DE GRANDE LONGÉVITÉ N'A CESSÉ DE CONQUÉRIR LE CŒUR DES AMATEURS DE BELLES PLANTES. LE TOUT PREMIER HYBRIDE, *PHALAENOPSIS* INTERMEDIA (*APHRODITE* X *EQUESTRIS*) A ÉTÉ CRÉÉ EN 1886 PAR LE JARDINIER SEDEN POUR LES ÉTABLISSEMENTS VEITCH, À CHELSEA, ANGLETERRE. LA RECHERCHE DE FLEURS PLUS GRANDES, À LA FORME RONDE ET BIEN PLATE POUR LA FLEURISTERIE, S'EST ACCRUE À PARTIR DES ANNÉES 1940-50.

Plus récemment, les croisements ont été orientés vers l'obtention de plantes nanifiées ou, au contraire, de spécimens avec de grandes inflorescences. Le travail actuel sur le coloris, pour changer des inévitables blanc et rose, a pour but de marquer les fleurs de taches et ponctuations à fort contraste **(1)**: les Taïwanais en sont les champions.
La recherche du coloris pourpre a donné de beaux résultats, tel ce *Phalaenopsis* Black Pearl aux fleurs légèrement odorantes **(2)**.

Aujourd'hui, on dénombre plus de 34000 *Phalaenopsis* hybrides !
Le clonage et la multiplication in vitro ont favorisé la diffusion à grande échelle de ces orchidées que l'on voit partout. En 1855, un beau spécimen de *Phalaenopsis* amabilis pouvait se vendre 68 £ aux enchères à Londres, soit environ 3700 € actuels ! Aujourd'hui, on peut trouver des hybrides très simples vendus moins de 6 €.

1. Un *Phalaenopsis* hybride, dans la tendance actuelle : une forme bien ronde avec un beau contraste de couleurs.

2. *Phalaenopsis* Black Pearl

Ces orchidées sont de culture facile et leurs inflorescences ont une certaine plasticité. Elles se prêtent à toutes sortes de fantaisie : on les tord, on les vrille, on les teinte... tout ceci contre nature et pas toujours de très bon goût. À une certaine époque, on a rêvé d'une rose bleue et de nos jours, on espère le *Phalaenopsis* bleu ! Le biologiste japonais Masahiro Mii a réussi cet exploit et obtenu en 2012 un OGM en utilisant les gènes colorants d'une Misère asiatique (*Commelina communis*). Les spécimens cyanosés que vous voyez en jardinerie n'ont pas bénéficié de cette biotechnologie complexe et très coûteuse : ils ont simplement été arrosés avec une teinture **(3)** !

Les *Phalaenopsis* comptent 95 espèces, sous-espèces et hybrides naturels, originaires de l'Asie tropicale et subtropicale (notamment Birmanie, Bornéo, Chine, Laos, Papouasie-Nouvelle Guinée, Philippines, Sumatra, Thaïlande, Vietnam) et du Nord-Est de l'Australie. Ce sont des plantes essentiellement épiphytes, accrochées fermement à leur support végétal grâce à leurs grosses racines aplaties, vivant pour la plupart dans les forêts des basses terres où règnent chaleur et humidité. Dénuées de pseudobulbes, leurs feuilles largement ovales adaptées à une luminosité réduite sont charnues et contiennent des matières de réserve.

Ce sont les orchidées parfaites pour une culture hors la serre, que ce soit à la maison ou dans un appartement. L'élégance des fleurs qu'elles produisent, la durée de leur floraison et leur propension à refleurir expliquent notamment ce succès des ventes.

On les cultive en pot, transparent ou non, dans un substrat très drainant du type 2/3 écorces de pin et 1/3 billes d'argile expansée, ou dans un substrat prêt à l'emploi contenant de préférence de l'écorce de pin. Les arrosages et les apports d'engrais s'appliqueront tout au long de l'année, car ces plantes n'ont pas de repos saisonnier. Veillez à utiliser de l'eau préférentiellement non calcaire et surtout tempérée. Ne laissez pas d'eau au creux de la pousse terminale au risque qu'elle ne pourrisse.

Si vous conservez votre plante dans un cache-pot, sortez-la pour l'arroser et laissez-la bien ressuyer. Dans le cas d'une plante déshydratée, présentant des feuilles et des fleurs toutes molles, vous pouvez la tremper entièrement dans une cuvette d'eau, fleurs comprises, pendant une demi-heure.

3. Un *Phalaenopsis* bleu, obtenu par arrosage avec un colorant.

La température optimale varie de 20 à 25 °C le jour et de 15 à 18 °C la nuit. Cet écart jour-nuit favorise la mise à fleur de votre plante : on peut l'obtenir sans jouer sur le thermostat de l'habitation, mais simplement en positionnant la plante près d'une fenêtre orientée au nord ou à l'est.

La luminosité a également son importance : ne laissez jamais votre plante en plein soleil sous peine de décoloration du feuillage, ou pire de brûlures qui laisseront des traces pour des années. Choisissez plutôt une lumière tamisée par un voilage ou un positionnement à l'écart d'une fenêtre, sauf exposition au nord ou à l'est.

L'hygrométrie est un autre facteur important, mais les *Phalaenopsis* sont des plantes assez coriaces et elles supportent des conditions extrêmes. Dans l'idéal, positionnez-les sur des cuvettes remplies de graviers et d'eau, brumisez-les journellement, douchez-les de temps à autre pour nettoyer et hydrater les feuilles avec de l'eau non calcaire.

Le rempotage se pratique tous les deux ans. Entre deux rempotages, si les racines sortent abondamment de leur contenant, ne coupez surtout rien car c'est le signe que votre plante se porte bien : n'oubliez pas que ce sont, à l'origine, des plantes épiphytes et que leurs racines sont vitales.

La question souvent posée sur ces orchidées est : « que faire lorsque les fleurs sont fanées ? ».
Il y a deux possibilités : soit vous laissez l'inflorescence défleurie dans son entièreté tant qu'elle reste verte car des bourgeons dormants peuvent redonner une ou plusieurs fleurs **(4)**, soit vous trouvez cela inesthétique et vous réduisez l'inflorescence au niveau des deux bourgeons de la base qui produiront une nouvelle floraison quelques mois plus tard.
L'apparition des keikis pose également question : pourquoi apparaissent-ils et comment les récupérer ?

Les keikis proviennent d'une évolution exceptionnelle des bourgeons dormants (ou « yeux dormants » en vocabulaire horticole) sur une hampe florale, non pas en fleur mais en pousse qui donne naissance à une plantule.

4. Une ancienne inflorescence reproduit bien souvent une seconde floraison dans la même année.

Cet accident physiologique se trouve généralement favorisé par une température anormalement élevée. Ces keikis ou plantes-filles peuvent être séparés de la plante-mère au bout de plusieurs mois, lorsque les racines sont développées d'au moins 5 cm, et rempotés dans un substrat adéquat.
Les *Phalaenopsis* sont des plantes plutôt peu fragiles, mais des pourritures bactériennes peuvent subvenir au niveau de la pousse terminale ou sur

les feuilles, à cause d'une humidité trop forte et/ou d'une température trop basse : il faut saupoudrer de la cannelle en poudre sur les parties concernées et laisser la plante « sur le sec » pendant une dizaine de jours. Si la pourriture progresse sur la feuille, coupez-la et mettez du charbon de bois en poudre sur la plaie.

Les racines sont aussi sujettes à des pourritures fongiques souvent liées à des excès d'arrosage (attention à l'eau au fond des cache-pots), une eau trop froide ou un substrat très dégradé. La plante se ramollit et il suffit de la tirer vers le haut pour s'apercevoir que les racines ne tiennent plus dans le pot. Bien souvent un rempotage avec du substrat neuf suffit à retaper votre sujet, surtout si des racines aériennes sont présentes en surface. Dans le cas où il n'y a plus de racines ou si peu, on peut encore sauver la plante en la rempotant avec de la sphaigne pure dans un contenant très réduit. Il faudra alors s'armer de patience et compter plus de six mois pour que votre *Phalaenopsis* s'enracine à nouveau.

Pour ce qui est des parasites les plus fréquents, on trouve les inévitables cochenilles à carapace et les cochenilles farineuses. Un nettoyage au pinceau avec de l'alcool à 70° suffit à les détruire, mais cette opération sera à renouveler régulièrement.

Et surtout, n'oublions pas les limaces qui peuvent faire de sérieux dégâts sur les feuilles ou les fleurs **(5)**.

5. Les limaces adorent les *Phalaenopsis* : elles dévorent autant les feuilles que les fleurs.

Enfin, pour ce qui est du choix de son *Phalaenopsis*: il n'y a que l'embarras ! Les hybrides sont les plus nombreux et les plus faciles à trouver. Malheureusement, bien souvent ceux issus de la production de masse n'ont pas été nommés. Choisissez toujours les spécimens aux fleurs bien formées, avec deux ou trois fleurs épanouies à la base de l'inflorescence, aux sépales et pétales bien plats, et des boutons floraux bien verts à l'extrémité.

Quant aux espèces, vous les trouverez chez des orchidéistes : certains sont plus spécialisés dans ce genre. Les fleurs des *Phalaenopsis* botaniques s'avèrent souvent plus réduites que celles des hybrides, mais leurs inflorescences se ramifient et produisent un gracieux effet. Je recommande particulièrement *Phalaenopsis bellina*, orchidée originaire de Bornéo, de taille compacte et aux fleurs délicatement odorantes, d'un coloris vert-jaunâtre contrastant avec du magenta **(6)**.

6. *Phalaenopsis bellina* est une espèce de taille réduite, très florifère et agréablement parfumée.

Les Angraecum

LE GENRE *ANGRAECUM* A ÉTÉ PROPOSÉ PAR LE BOTANISTE FRANÇAIS JEAN-BAPTISTE BORY DE SAINT-VINCENT (1778-1846) DANS SON OUVRAGE *VOYAGE AUX ÎLES D'AFRIQUE*, PUBLIÉ EN 1804, AVEC COMME ESPÈCE DE RÉFÉRENCE *ANGRAECUM EBURNEUM*. LE NOM DE GENRE PROVIENT DU MOT «ANGREC» QUI SIGNIFIE «ORCHIDÉE» DANS UN DIALECTE MALAIS EN USAGE DANS LES MASCAREIGNES. CE TERME EST TOUJOURS EMPLOYÉ EN INDONÉSIE ET EN PAPOUASIE-NOUVELLE GUINÉE.

Les *Angraecum* sont présents en Afrique tropicale et dans les îles de l'Océan indien : les Comores, Mayotte, Madagascar, les Mascareignes (La Réunion, L'île Maurice, Rodrigues), les Seychelles et jusqu'au Sri Lanka. On dénombre un peu plus de 230 espèces, sous-espèces et variétés qui vivent du niveau de la mer jusque vers 2000 mètres d'altitude, dans les savanes et les forêts. Ce sont des plantes monopodiales, épiphytes, lithophytes et/ou terrestres, souvent de nature coriace, de taille réduite (3 à 4 cm pour *Angraecum tenellum*) ou au contraire très grande (150 cm et plus pour *Angraecum longicalcar*). Elles produisent de belles fleurs odorantes, essentiellement blanches, ou certaines verdâtres, et ont la particularité d'avoir un éperon nectarifère très attractif pour les papillons. Cet organe peut dépasser 40 cm de long pour *Angraecum longicalcar*, spectaculaire espèce malgache menacée d'extinction dans la nature : il en a été recensé une centaine d'individus seulement **(1)**.

1. *Angraecum longicalcar* de la collection du Jardin du Luxembourg à Paris.

Angraecum sesquipedale **(2)** ou la «comète de Madagascar» est certainement la plus connue du genre. Ses grandes fleurs blanches et coriaces, en forme d'étoile, avec un éperon de 25 à 30 cm de long, sont très remarquables et lui valent d'être l'espèce favorite des orchidophiles.

2. *Angraecum sesquipedale*

Originaire de la côte Est de Madagascar, elle devint célèbre en 1862, lorsque le naturaliste anglais Charles Darwin (1809-1882) émit l'hypothèse que son pollinisateur, encore inconnu, devait être un papillon nocturne avec une trompe de plus de 20 cm de long. On a raillé Darwin jusqu'à la découverte 40 années plus tard du sphinx responsable de la pollinisation de cette orchidée : les entomologistes Rothschild et Jordan nommèrent cet insecte *Xanthopan morganii praedicta* en 1903, soit «la prédiction de [Charles] Morgan [Darwin]»!

En fait, ce papillon est attiré non seulement par la couleur blanche de la fleur, bien visible la nuit, mais également par son odeur nocturne très doucereuse (spermatique) et surtout par le délicieux nectar sucré contenu au fond de l'éperon.
Madagascar fut longtemps le terrain de chasse jalousement gardé par les botanistes français jusqu'à l'indépendance du pays en 1960. Cette grande île de l'Est africain possède l'une des plus riches flores de la planète, avec notamment 130 espèces d'*Angraecum* et de nombreuses autres orchidées dites « angraecoïdes » tels les *Aerangis, Aeranthes, Oeoniella, Sobennikoffia* **(3)**.

De nos jours, les botanistes anglais continuent le travail de recensement de leurs prédécesseurs, en collaboration avec les instances malgaches pour assurer notamment la protection des biotopes et la réintroduction des espèces les plus menacées.

Le meilleur spécialiste français des orchidées malgaches fut Marcel Lecoufle (1915-2016), horticulteur et correspondant du Muséum, dont les serres étaient établies à Boissy-Saint-Léger dans le Val-de-Marne, de 1948 à 2011.

Les *Angraecum* sont des orchidées à cultiver surtout en serre et dans une véranda pour leur offrir une bonne luminosité (15 000 à 30 000 Lux). On choisira un substrat très drainant à base d'écorces de pin et d'argile expansée, de gros calibre pour les espèces géantes à grosses racines (*A. eburneum, A. sesquipedale*) et de petit calibre pour les plus modestes (*A. germinyanum, A. vigueiri*). Certaines sont à cultiver en panier suspendu ou sur plaque du fait de leur port pendant (*A. eichlerianum* **(4)**).

Ces orchidées ne connaissent pas de repos de végétation, mais on réduira l'arrosage en période hivernale. Les températures de culture varient généralement de tempéré (17 à 22 °C) à chaud (18 à 25 °C) ; cependant quelques espèces montagnardes préfèrent des conditions plus fraîches (*A. magdalenae*).

3. Une orchidée « angraecoïde » de Madagascar : *Sobennikoffia robusta*

4. *Angraecum eichlerianum*

Les espèces les plus remarquables que l'on peut trouver chez les horticulteurs sont :

Angraecum eburneum, A. florulentum, A. germinyanum, A. leonis, A. magdalenae, A. scottianum, A. sesquipedale, A. sororium, A. viguieri. Il existe très peu d'hybride dans ce genre d'orchidées : on peut citer *Angraecum* Veitchii (*eburneum* x *sesquipedale*, 1899) et *Angraecum* Famille Lecoufle (*eburneum* x *longicalcar*, 2013).

Les Calanthe

LES *CALANTHE* COMPRENNENT 240 ESPÈCES, SOUS-ESPÈCES, VARIÉTÉS ET HYBRIDES NATURELS DES RÉGIONS TROPICALES ET SUBTROPICALES D'ASIE, AFRIQUE, AMÉRIQUE (1 SEULE ESPÈCE!) ET OCÉANIE. LA CRÉATION DU GENRE *CALANTHE* EN 1821 EST DUE AU BOTANISTE ANGLAIS ROBERT BROWN (1773-1858). LE TOUT PREMIER SPÉCIMEN DE CE GENRE D'ORCHIDÉE CULTIVÉ DANS NOTRE PAYS FUT UN *CALANTHE SYLVATICA* PRÉSENTÉ PAR LE COLLECTIONNEUR JEAN-FRANÇOIS BOURSAULT LORS D'UNE SÉANCE DE LA SOCIÉTÉ D'HORTICULTURE DE FRANCE, À PARIS EN 1828.

Ce sont des orchidées terrestres ou épiphytes, vivant à l'abri de la vive lumière solaire, avec ou sans pseudobulbes, aux grandes feuilles souples, produisant de gracieuses et élégantes inflorescences dressées pouvant atteindre plus d'un mètre pour certaines espèces (*Calanthe vestita*). Les pseudobulbes peuvent avoir une curieuse forme de gourde **(1)**.

1. Certaines espèces de *Calanthe* ont des pseudobulbes en forme de gourde : ils sont très cassants au point de rétrécissement.

Du fait de leur vaste répartition géographique et de leur établissement à différentes altitudes, on recense des espèces épiphytes à pseudobulbes avec un feuillage caduc, vivant entre 1000 et 3500 mètres d'élévation, et des espèces terrestres à feuillage persistant avec ou sans pseudobulbes, originaires des régions plus basses et plus chaudes entre 100 et 1000 mètres. Leur culture s'avère bien différente.

Pour les *Calanthe* caduques, il y a un repos de végétation de 2 à 3 mois après la fin de floraison en hiver. On les maintient au sec et au frais (8 à 10 °C la nuit - 13 à 15 °C le jour) jusqu'au démarrage de la pousse. C'est le bon moment pour effectuer le rempotage annuel dans un substrat composé de 2/3 sphaigne et 1/3 écorces fines de pin ou bien 2/3 terreau et 1/3 écorces fines de pin. On les place dans des conditions plus chaudes (15 °C la nuit - 20 °C le jour) et on les arrose copieusement. Lorsque les pseudobulbes sont bien formés à l'automne, les inflorescences apparaissent, alors que les feuilles jaunissent et tombent; on réduit un peu l'arrosage jusqu'à la fin de floraison.

Pour les *Calanthe* persistantes, il n'y a pas de repos de végétation, mais on diminue les arrosages pendant la période hivernale (de novembre à février). La température de culture reste identique toute l'année avec 15-18 °C la nuit et 20-25 °C le jour. On pratique également un rempotage annuel avec le même substrat que déjà indiqué.

Les *Calanthe* craignent les attaques d'acariens et de thrips sur la face inférieure de leur grandes et fines feuilles. Les cochenilles sont un autre problème, notamment lorsqu'elles se cachent dans les gaines qui entourent les pseudobulbes.

Les espèces à cultiver assez facilement sont *Calanthe argenteostriata* **(2)** avec des feuilles veinées de gris argenté et une floraison blanche, *Calanthe rubens* aux fleurs d'un remarquable rouge grenat, *Calanthe sylvatica* avec des fleurs blanches, roses ou violacées devenant couleur abricot en vieillissant et *Calanthe triplicata* **(3)** aux fleurs d'un blanc virginal marqué d'un point orange vif.

Il existe quelques hybrides très intéressants, parfois entre espèces caduques et persistantes. Le beau *Calanthe* Takane est issu du croisement entre deux espèces terrestres et caduques (*discolor* x *striata*) originaires de Corée et du Japon; il a été enregistré en 2001.

À mes yeux, le plus remarquable de tous est *Calanthe* Baron Schröder enregistré par l'horticulteur Veitch en 1894 : issu du croisement entre *Calanthe regnieri* [un synonyme de *C. vestita*] et *Calanthe vestita* var. *gigantea*, c'est en fait une amélioration de l'espèce et pas du tout un hybride! Les inflorescences apparaissent en hiver, alors que les feuilles commencent à se dessécher; elles sont dressées et mesurent plus d'un mètre cinquante, portant de nombreuses fleurs blanches veinées et lavées de rose carminé avec un labelle rose purpurin, de 4 cm d'envergure, qui s'épanouissent pendant plus de deux mois. On peut l'utiliser en fleur coupée.

2. *Calanthe argenteostriata*

3. *Calanthe triplicata*

Les Cattleya

QUI NE CONNAÎT PAS LES *CATTLEYA* SI CHERS À MARCEL PROUST? CES PLANTES AUX FLEURS OPULENTES, PRESQUE CHARNELLES, AVEC DES PARFUMS SUAVES ON ÉTÉ TRÈS À LA MODE PENDANT LA BELLE ÉPOQUE.

Le tout premier spécimen, *Cattleya loddigesii* **(1)**, fut introduit du Brésil (Rio de Janeiro); envoyé en 1810 au Jardin botanique d'Edimbourg en Écosse, il ne fleurit qu'en 1819 chez l'horticulteur Loddiges, près de Londres. Il fut décrit sous le nom *Epidendrum roseum,* mais c'est en 1824 que le botaniste John Lindley créa le genre *Cattleya*, en l'honneur du collectionneur anglais William Cattley, et renomma cette espèce.

On recense 234 espèces, sous-espèces et hybrides naturels, originaires de l'Amérique tropicale, répartis du Mexique à l'Argentine. Il existe toutes les tailles de plantes : des espèces réduites à quelques centimètres de hauteur (*Cattleya sincorana* **(2)**) à certaines de près d'un mètre (*Cattleya amethystoglossa* **(3)**). On distingue les *Cattleya* bifoliés qui ont des pseudobulbes tubulaires surmontés de deux feuilles coriaces (*Cattleya guttata*) et les *Cattleya* monofoliés qui possèdent des pseudobulbes ellipsoïdes et trapus avec une feuille épaisse à leur extrémité (*Cattleya trianaei* **(4)**). Préférez la seconde catégorie qui s'avère plus facile à conserver.

1. *Cattleya loddigesii*

2. *Cattleya sincorana*

3. *Cattleya amethystoglossa*

4. *Cattleya trianaei*

5. *Cattleya maxima* dans un jardin à Vilcabamba, en Équateur

La culture des *Cattleya* se fait en climat tempéré à tempéré-chaud, avec des températures oscillant de 18 °C la nuit à 25 °C le jour en été, de 15 °C la nuit à 18 °C le jour en hiver. La luminosité doit être vive, mais sans excès sous peine de jaunissement ou brûlure du feuillage. Une hygrométrie assez forte, comprise entre 60 à 80 %, des arrosages réguliers avec fertilisation en période de croissance et floraison, un allègement de l'irrigation en période hivernale, voire la suspension pendant quelques semaines pour certaines espèces (*Cattleya maxima*) **(5)**.

Le rempotage se pratique tous les deux ans avec un substrat à base d'écorces de pin et de billes d'argile expansée dans un pot en terre cuite. Il doit s'effectuer au moment du démarrage de la végétation au printemps ; lorsque la pousse mesure à peine 2 cm et que les racines commencent à pointer, car on risque autrement de les casser.

Après suppression des plus anciens pseudobulbes, ceux notamment dépourvus de racines ou de feuilles (attention à en conserver au moins trois sous peine d'affaiblir la plante), on positionne la plante avec les pseudobulbes plaqués contre la paroi du pot, laissant les pousses vers le centre de manière à ce qu'elles puissent se développer dans le substrat. On remplit de mélange en tenant bien le spécimen. On bloque la plante en faisant glisser les éléments avec les doigts, puis à l'aide d'un manche en bois pour finir le calage. Enfin on met un tuteur le long des pseudobulbes arrière afin de les y attacher en pied et en tête avec du raphia ou du fil de coton. Un nettoyage des feuilles avec de l'eau non calcaire et une éponge termine l'opération.

Ces orchidées craignent essentiellement les cochenilles diaspines et farineuses qui se cachent sous les gaines, ainsi que les thrips qui dégradent les fleurs.

Les *Cattleya* comptent parmi les plus belles orchidées avec leurs grandes fleurs parfumées, mesurant de 8 à 15 cm et plus ; certains produisent des floraisons spectaculaires tel *Cattleya schroederae* de Colombie. On peut néanmoins leur reprocher la brièveté de leur floraison, souvent moins de quinze jours. Cependant, le choix est vaste parmi les espèces de toutes tailles et les hybrides ne manquent pas non plus. Les Taïwanais ont réalisé de nombreux croisements, permettant l'obtention de plantes plus compactes avec des fleurs aux coloris très contrastés. L'utilisation de *Cattleya coccinea* [anciennement *Sophronitis coccinea*] a permis l'obtention du coloris rouge dans les hybrides. Le genre *Cattleya* peut être croisé avec les genres alliés comme *Guarianthe* et *Laelia* : ainsi *Cattlianthe* Jewel Box au vif coloris carminé.

Les Coelogyne

LE BOTANISTE ANGLAIS JOHN LINDLEY (1799-1865), SURNOMMÉ LE « PÈRE DE L'ORCHIDOLOGIE », CRÉA LE GENRE *COELOGYNE* EN 1821, À PARTIR DE *COELOGYNE CRISTATA* **(1)** ENVOYÉE DU NÉPAL PAR LE COLLECTEUR NATHANIEL WALLICH. CETTE ESPÈCE EST TRÈS CERTAINEMENT L'UNE DES PLUS REMARQUABLES ET DES PLUS CONNUES DE CE GENRE AVEC SES NOMBREUSES GRAPPES DE FLEURS BLANCHES, AU LABELLE COLORÉ D'UN BEAU JAUNE ORANGÉ, ET AU PARFUM TRÈS PUISSANT : CETTE ODEUR RESTE À MON AVIS L'UNE DES PLUS CARACTÉRISTIQUES DE LA SERRE À ORCHIDÉES EN HIVER.

On recense 236 espèces, sous-espèces et variétés de *Coelogyne* originaires de l'Asie subtropicale et tropicale (de la Chine à la Malaisie) et de l'Indonésie jusqu'aux îles du Pacifique, vivant en terrestres, lithophytes ou épiphytes, du niveau de la mer à plus de 3 500 mètres d'altitude. Ce sont des plantes à pseudobulbes unifoliés ou bifoliés, plus ou moins rhizomateuses. Certaines développent de longs rhizomes qui s'échappent facilement de leur contenant chaque année **(2)** ; cela explique une certaine désaffection pour ces orchidées qui sont pourtant très florifères et odorantes.

Leur culture n'est pas difficile si l'on a connaissance de leur origine. Certaines espèces proviennent des hautes régions himalayennes et nécessitent un repos de végétation marqué après la fin de la formation des pseudobulbes : une suspension de l'arrosage et des températures très fraîches (5 °C la nuit - 10 °C le jour) pendant trois mois s'avèrent indispensables pour permettre à la plante de fleurir en mars-avril (*Coelogyne cristata*) ; le reste de l'année, on les tient dans un climat tempéré-frais avec 13-15 °C la nuit et 18 °C le jour.

1. *Coelogyne cristata*

2. Les espèces rhizomateuses de *Coelogyne* sortent facilement de leur pot et peuvent très bien vivre ainsi jusqu'au prochain rempotage.

3. *Coelogyne ovalis*

4. *Coelogyne* Burfordiense

Néanmoins la plupart des espèces sont majoritairement de climat tempéré ou tempéré-chaud, avec une température régulière toute l'année, comprise entre 17 °C la nuit et 22 °C le jour. Toutes ont besoin d'une hygrométrie assez élevée (60-80 %) et d'un local bien ventilé, avec un ombrage conséquent, pour éviter que les feuilles ne soient la proie des acariens et des thrips.

Les arrosages et apports d'engrais devront être réguliers tout au long de leur croissance, puis allégés en période hivernale.

Le rempotage s'effectue tous les deux ans dans un mélange d'écorces de pin et de billes d'argile expansée ou bien de sphaigne et d'écorces de pin. Ce dernier substrat permet d'agrafer les plantes à longs rhizomes : on fait tourner ainsi les pousses de la plante à l'intérieur du contenant en les maintenant au moyen d'agrafes en fil de fer tordu en U de 4-5 cm de longueur. On peut cultiver les espèces de taille compacte sur plaque et morceaux de bois (*Coelogyne ovalis* **(3)**), les plus grandes dans des pots ou des coupes (*Coelogyne pandurata*, *Coelogyne* Burfordiense **(4)**), et certaines en panier suspendu pour laisser les nombreuses inflorescences s'épanouir vers le sol (*Coelogyne pulverula* **(5)**, *Coelogyne tomentosa* **(6)**).

5. *Coelogyne pulverula*

6. *Coelogyne tomentosa*

Les Cymbidium

NOUS AVONS DÉJÀ DIT QUE LES *CYMBIDIUM* ÉTAIENT DES PLANTES VÉNÉRÉES ET CULTIVÉES DEPUIS PLUS DE 2500 ANS PAR LES CHINOIS. LE TOUT PREMIER REPRÉSENTANT DE CE GENRE MAGNIFIQUE, *CYMBIDIUM ENSIFOLIUM*, A ÉTÉ INTRODUIT DE L'EMPIRE DU MILIEU EN ANGLETERRE PAR JOHN FOTHERGILL EN 1778. INDIGÈNE DE LA CHINE, CETTE ESPÈCE Y EST APPELÉE « *MO LAN* ». SES MODESTES FLEURS DE 4 CM D'ENVERGURE EXHALENT UN DÉLICIEUX PARFUM FRUITÉ, ÉVOQUANT À MON SENS LA PRUNE. L'HORTICULTEUR ANGLAIS CONRAD LODDIGES (1738-1826) DISAIT À CE PROPOS QUE « SON DÉLICIEUX PARFUM N'EST PAS SI ÉLOIGNÉ DES MEILLEURS THÉS, MAIS LARGEMENT PLUS PUISSANT » !

Les *Cymbidium* ont connu leur heure de gloire dans les années 1960-1980 : de nombreux hybrides présentaient de grosses fleurs bigarrées ayant une très bonne tenue en fleuristerie grâce à leur texture cireuse. C'était la mode du fleuron vendu dans une petite boîte en carton avec une fenêtre en Cellophane. La mode a changé depuis; les orchidées à fleurs plus fines et délicates, d'aspect moins « plastique » ont la préférence des acheteurs. Pourtant depuis une vingtaine d'années, on peut trouver de très beaux hybrides, de taille plus restreinte, avec de gracieuses hampes florales plus ou moins arquées ou pendantes, tel que *Cymbidium* Simono **(1)**.

1. *Cymbidium* Simono est un hybride non officiellement enregistré.

Ce genre d'orchidée se trouve de l'Asie subtropicale et tropicale (Birmanie, Chine, Thaïlande, Vietnam, Malaisie) jusqu'en Australie. Les *Cymbidium* sont des plantes sympodiales, épiphytes ou terrestres, vivant à des altitudes variant de 300 à 3000 mètres, majoritairement entre 1000 et 2500 mètres. Ainsi certaines espèces s'avèrent essentiellement de climat tempéré-frais à froid, quelques autres de climat chaud. En revanche, la plupart des hybrides, moins exigeants, se satisfont de températures modérées. Ce ne sont pas vraiment des orchidées à cultiver à la maison si l'on ne dispose pas d'une véranda ou d'un jardin : elles apprécient particulièrement de passer le plus de temps dehors, à l'ombre des arbres, de mai à octobre, mais doivent être mises à l'abri lorsque le thermomètre atteint 5 °C la nuit. Cette période de plein air favorise grandement la mise à fleur des plantes pendant les mois d'hiver.

Le rempotage s'effectue tous les deux ou trois ans. On utilise un substrat à base de terreau ou de tourbe complété d'un tiers d'écorces de pin. Les arrosages et la fertilisation seront copieux en période de croissance, un peu plus réduits après la formation des pseudobulbes, jusqu'à l'apparition des inflorescences et des pousses.

Les *Cymbidium* forment de grosses touffes qu'il faut régulièrement diviser sous peine de perdre en qualité de floraison.

2. *Cymbidium eburneum*

3. *Cymbidium erythraeum*

4. *Cymbidium sanderae*

5. *Cymbidium dayanum*

Choix des plus belles espèces :

Les plus belles espèces de grande taille sont *Cymbidium eburneum* **(2)**, *C. erythreum* **(3)**, *C. insigne*, *C. lowianum*, *C. sanderae* **(4)**, *C. tracyanum*. Les espèces de taille plus compacte à recommander sont *Cymbidium dayanum* **(5)**, *C. ensifolium*, *C. goeringii*, *C. kanran*, *C. tigrinum*.

Les Dendrobium

CE GENRE D'ORCHIDÉE EST LE SECOND PLUS IMPORTANT APRÈS LES *BULBOPHYLLUM*, AVEC UNE ESTIMATION DE 1200 À 1400 ESPÈCES. LES *DENDROBIUM* SE TROUVENT DANS LES RÉGIONS TROPICALES D'ASIE ET D'OCÉANIE, JUSQU'EN AUSTRALIE. LA PAPOUASIE-NOUVELLE GUINÉE COMPREND À ELLE SEULE QUELQUE 350 ESPÈCES, VIVANT DU NIVEAU DE LA MER À PRÈS DE 3500 MÈTRES D'ALTITUDE. AUTANT VOUS DIRE QUE L'ON PEUT PASSER SA VIE À ÉTUDIER CE GENRE D'ORCHIDÉE TANT LEURS MORPHOLOGIES ET LEURS FLEURS SONT DIVERSES ET VARIÉES, LEURS MODES DE VIE DIFFÉRENTS. LEUR CULTURE SE RÉVÈLE D'AUTANT PLUS ARDUE.

Ce sont des orchidées très appréciées en Asie tropicale, notamment *Dendrobium phalaenopsis*, et que l'on voit fréquemment suspendues devant les habitations, comme ici au Vietnam **(1)**.
La première espèce, *Dendrobium speciosum* **(2)**, fut introduite en Angleterre en 1804, envoyée d'Australie par John White au botaniste James Edward Smith. C'est une orchidée spectaculaire, épiphyte ou lithophyte, qui peut recouvrir de vastes surfaces. Les gros pseudobulbes fusiformes bi ou trifoliés portent nombre de grappes de fleurs blanches ou jaunes, légèrement odorantes.

Le genre a été divisé en 16 sections qui regroupent les espèces les plus similaires dans leurs traits. Les représentants de la section *Dendrobium* ont des exigences culturales relativement proches : ce sont des plantes qui nécessitent de la chaleur et de copieux arrosages pendant la période de croissance après la floraison, un allègement des arrosages dès que les pseudobulbes sont formés, puis un arrêt complet à la chute des feuilles.

1. Au Vietnam, et plus généralement en Asie tropicale, les *Dendrobium* sont cultivés en pots ou en paniers suspendus près des habitations.

2. *Dendrobium speciosum*

Ce sont des espèces caduques à semi-caduques. Pendant la période hivernale, on doit les maintenir dans un espace frais (10-13 °C) et au sec jusqu'à l'apparition des boutons floraux en fin d'hiver-début de printemps. Leur floraison s'avère très agréablement odorante. Ce sont des espèces relativement faciles de culture, certaines compactes (*D. loddigesii* **(3)**, *D. parishii* **(4)**), d'autres à grand développement avec de très longues «cannes» à tuteurer ou laisser libres (*D. aphyllum*, *D. anosmum* **(5)**).

3. *Dendrobium loddigesii*

4. *Dendrobium parishii*

5. *Dendrobium anosmum*

6. *Dendrobium* hybride issu d'un croisement avec *Dendrobium* nobile

Les autres espèces recommandables sont *Dendrobium devonianum, D. gratiosissimum, D. primulinum* et surtout *D. nobile* avec ses nombreuses variantes et hybrides **(6)**.

Dendrobium moniliforme ou « orchidée collier » est l'une des plus petites espèces de cette section. Originaire de Chine, Birmanie, Vietnam, Corée et Japon, elle vit en épiphyte ou épilithe dans les forêts de montagne, entre 800 et 3000 mètres d'altitude. Ses fleurs blanches apparaissent en hiver et sont délicatement odorantes **(7)**.

Dans la section *Dendrocoryne*, *Dendrobium kingianum* originaire de l'Est australien, est une espèce de taille réduite, facile à cultiver, aux fleurs parfumées. Cette espèce nécessite de la chaleur en été et des arrosages généreux, beaucoup de fraîcheur en hiver (5 à 8 °C) pendant le repos de végétation et un régime sec, sans laisser flétrir les pseudobulbes. Avec des exigences culturales identiques, le *Dendrobium* Berry (*kingianum* x Mini Pearl) **(8)** créé par Mr. Oda en 1983 a toujours la faveur des amateurs d'orchidées, du fait de sa compacité, de sa floribondité et de son agréable senteur printanière.

7. *Dendrobium moniliforme*

8. *Dendrobium* Berry est généralement dénommé « Berry Oda ».

Les Epidendrum

IL FUT UN TEMPS OÙ LES ORCHIDÉES TROPICALES SE DIVISAIENT EN DEUX GENRES : LES TERRESTRES ÉTAIENT NOMMÉES *LIMODORUM* ET LES ÉPIPHYTES ÉTAIENT APPELÉES *EPIDENDRUM*, DU GREC « EPI » (SUR) ET « DENDRON » (ARBRE). DE NOS JOURS, LES *EPIDENDRUM* COMPRENNENT ENVIRON 1 500 ESPÈCES D'AMÉRIQUE CENTRALE ET DU SUD, TOUT AUTANT TERRESTRES, LITHOPHYTES ET ÉPIPHYTES. ON LES TROUVE DANS DE NOMBREUX BIOTOPES, ALLANT DU NIVEAU DE LA MER À PLUS DE 3 000 MÈTRES D'ALTITUDE, COMME ICI CET *EPIDENDRUM ELONGATUM* EN ÉQUATEUR **(1)**. CE SONT DES ORCHIDÉES TRÈS ABONDANTES DANS LA NATURE ET IL N'EST PAS RARE DE LES VOIR EN VILLE, COMME LES FAMEUX *EPIDENDRUM CILIARE* DE LA PLACE DES PALMISTES, À CAYENNE, EN GUYANE FRANÇAISE.

1. *Epidendrum elongatum* in situ dans les Andes équatoriennes.

2. Les pseudobulbes des *Epidendrum* sont en forme de « cannes ».

Ce sont des plantes sympodiales, de taille restreinte (5 cm) ou mesurant plus d'1,50 m de hauteur (*Epidendrum lacustre*). Les plus petites espèces ont bien souvent un rhizome rampant ou pendant, recouvert de feuilles épaissies, que l'on cultivera sur bûche ou plaque. Les plus grandes possèdent des cannes assez fines **(2)**, plus ou moins dressées, avec des feuilles coriaces, opposées et alternées : on les cultive en pot et on doit tuteurer les longues cannes à la manière des *Cattleya*.

Le substrat à préférer est un mélange d'écorces de pin et de billes d'argile expansée, de calibre moyen. Le pot de terre cuite s'avère préférable pour les spécimens les plus élancés (*Epidendrum floribundum* **(3)**, *E. pseudepidendrum*) afin de leur assurer de la stabilité ; il est indispensable de les tuteurer. Les espèces plus compactes seront cultivées dans des coupes ou des terrines (*Epidendrum ciliare*, *E. stamfordianum* **(4)**). Quelques-unes au port pendant doivent être placées en panier ou en pot suspendu, tel *Epidendrum parkinsonianum* **(5)**.

3. *Epidendrum floribundum*

4. *Epidendrum stamfordianum*

5. *Epidendrum parkinsonianum*

La majorité des espèces commercialisées (*Epidendrum ibaguense* **(6)**, *E. radicans* et leurs hybrides) sont de climat tempéré à tempéré-chaud, nécessitant une luminosité assez forte, un arrosage et une fertilisation régulière toute l'année, sauf pendant les mois d'hiver pendant lesquels on allège les apports hydriques et on suspend les engrais.

La floraison des *Epidendrum* dure de quelques semaines à plusieurs mois ; presque toute l'année dans le cas d'*Epidendrum radicans* et *Epidendrum secundum*. Certaines espèces ont des parfums remarquables et plutôt agréables : épicé pour *Epidendrum floribundum* (le safran), très floral pour *Epidendrum parkinsonianum* (le lys blanc) et *Epidendrum capricornu* **(7)**.

6. *Epidendrum ibaguense*

7. *Epidendrum capricornu*

Les Lycaste

LORSQUE EN 1842, LE BOTANISTE ANGLAIS JOHN LINDLEY DÉCIDA DE CRÉER UN NOUVEAU GENRE D'ORCHIDÉE À PARTIR DE CERTAINES ESPÈCES DE *MAXILLARIA*, IL CHOISIT DE LES APPELER *LYCASTE* DU NOM D'UNE TRÈS BELLE FEMME SURNOMMÉE « LA VÉNUS DE DRÉPANE », AU TEMPS DE LA SICILE GRECQUE. IL FAUT BIEN RECONNAÎTRE QUE LES 49 ESPÈCES ET HYBRIDES NATURELS ORIGINAIRES DE L'AMÉRIQUE TROPICALE POSSÈDENT DES CHARMES INDÉNIABLES, AVEC UNE GRANDE FLORIBONDITÉ ET DE BELLES FLEURS SOUVENT AGRÉABLEMENT ODORANTES.

L'une des plus remarquables espèces de ce genre est *Lycaste virginalis* **(1)**, plus connue avec le nom synonyme *Lycaste skinneri*. Elle fut découverte en 1840 par l'explorateur Jean Linden dans les forêts montagneuses du Chiapas, au Mexique.
On la trouve également au Guatemala où elle fait figure de fleur nationale, et au Honduras. Cette espèce a de multiples variantes naturelles avec des fleurs pouvant mesurer jusqu'à 13-15 cm d'envergure, de couleur blanche ou rose et toutes sortes de ponctuations, taches et macules pourpres **(2)**.

Les *Lycaste* ont une large distribution, du Mexique au Pérou, mais les espèces sont souvent inféodées à un secteur géographique. Ce sont des plantes essentiellement épiphytes, parfois terrestres, qui vivent sous l'ombre protectrice des arbres. Elles ont ainsi développé de grandes feuilles ovales-elliptiques, à la surface plissée (un des critères distinctifs avec les *Maxillaria*), persistantes ou caduques. Les pseudobulbes sont assez volumineux et portent parfois en leur sommet des épines qui correspondent au point d'insertion des pétioles. Les fleurs apparaissent solitaires ou groupées en fascicules, à la base des pseudobulbes, en même temps que se développent de nouvelles pousses.

1. *Lycaste virginalis*

2. Un ensemble de *Lycaste virginalis*, des variantes roses et pourpres, présenté par le Jardin du Luxembourg au London Orchid Show, en 2015.

3. *Lycaste lassioglossa*

4. *Lycaste xanthocheila*

5. *Lycaste crinita*

Les espèces et hybrides de *Lycaste* préfèrent généralement le climat tempéré-frais, variant de 15°C la nuit à 18°C le jour en hiver, de 18°C la nuit à 24°C le jour en été (*L. lassioglossa* **(3)**, *L. xanthocheila* **(4)**), plus rarement le climat tempéré (*L. crinita* **(5)**). Ces orchidées apprécient un ombrage assez important (60%), une humidité élevée (70-80%), mais compensée par une aération régulière et une ventilation permanente.

On les cultive en pot, dans un substrat composé de sphaigne et d'écorces de pin de petit calibre ou de sphaigne et de perlite. Un rempotage tous les deux ans suffit. Leur besoin hydrique est important pendant la période de croissance. On réduit l'arrosage dès que les pseudobulbes sont formés en fin d'automne, puis on suspend les apports d'eau pour les espèces caduques ou on les allège pour les semi-caduques en hiver, jusqu'au redémarrage de la végétation au printemps suivant.

De nombreux hybrides ont été obtenus par des orchidéistes et collectionneurs anglais et japonais. Les *Lycaste* peuvent être croisés avec deux genres très proches, *Anguloa* et *Sudamerlycaste* [synonyme *Ida*]. Plus rares sont les hybrides réalisés avec le genre *Maxillaria*, tel *Maxillacaste* Pierre Bertaux (*Maxillaria lehmannii* x *Lycaste guatemalensis*) que j'ai fait enregistrer en 2013.

Les Maxillaria

L'HISTOIRE DES *MAXILLARIA* COMMENCE AU PÉROU EN 1780 LORSQUE LES PHARMACIENS ESPAGNOLS HIPÓLITO RUIZ LOPEZ ET JOSÉ PAVÓN Y JIMENEZ, EN COMPAGNIE DU MÉDECIN ET BOTANISTE FRANÇAIS JOSEPH DOMBEY DÉCOUVRENT À HUANUCO, ANDES ORIENTALES, CE QUI DEVIENDRA PLUS TARD *MAXILLARIA PLATYPETALA*.

Le genre *Maxillaria* a été premièrement décrit et publié en 1794 avec 12 espèces citées. Malheureusement, ce genre n'avait pas été bien défini et de nombreuses espèces découvertes au XIXe siècle ont depuis ajouté de la confusion. Une grande révision a été opérée en 2007, réduisant le nombre des espèces et augmentant le nombre de genres alliés. Elle fut remise en question en 2015 et le nombre de taxons inclus dans ce genre a augmenté : aujourd'hui, on peut dire que le genre *Maxillaria* compte 661 espèces, toutes originaires de l'Amérique tropicale.

Les *Maxillaria* ont longtemps été boudés par les collectionneurs : on leur reprochait une disproportion entre la grande taille des plantes et la petitesse des fleurs. Il faut reconnaître que ce sont des orchidées très poussantes, mais également très florifères. Si certaines espèces ont plutôt un « intérêt botanique », d'autres possèdent un réel attrait horticole avec des fleurs de plus de 10 à 13 cm d'envergure et des senteurs souvent fruitées et agréables (*M. striata* **(1)**). Ce sont des plantes terrestres, épiphytes ou lithophytes : certaines espèces adoptent les trois modes de vie. On les rencontre dans les forêts des basses terres (Amazonie) jusque dans les prairies d'altitude (Páramo dans les Andes), soit du niveau de la mer à plus de 3300 mètres d'altitude. La majorité des *Maxillaria* ont des pseudobulbes globuleux ou elliptiques, compressés, unifoliés, accompagnés de gaines foliacées ou non, et poussent en touffes assez denses (cespiteux); quelques espèces émettent des rhizomes. Les fleurs apparaissent en même temps que les pousses, à la base des pseudobulbes, solitaires ou groupées en fascicules.

1. *Maxillaria striata*

Pour leur culture, on peut diviser la majorité des espèces en deux groupes : les amazoniennes et les andines.

Les amazoniennes (*M. violaceopunctata* **(2)**) seront cultivées dans un substrat bien drainant, composé d'écorces de pin et de billes d'argile expansée. Le climat tempéré ou tempéré-chaud leur convient bien, avec un ombrage conséquent (60%) et de la ventilation permanente. Les arrosages et la fertilisation seront réguliers tout au long de l'année, avec un petit allègement en période hivernale.

2. *Maxillaria violaceopunctata*

3. *Maxillaria lehmannii*

4. *Maxillaria wojii*

5. *Maxillaria picta*

6. *Maxillaria variabilis*

Les andines (*M. lehmannii* **(3)**) ont besoin de beaucoup plus de fraîcheur et sont gourmandes en eau: on les tient dans le compartiment tempéré-frais ou frais, avec un ombrage important (60 à 80 %), une aération régulière et de la ventilation si possible. Le substrat idéal est un mélange de sphaigne et d'écorces de pin. Les arrosages devront être abondants, surtout en période estivale. Certaines espèces doivent être tenues en paniers pour laisser les inflorescences s'épanouir latéralement ou vers le sol (*M. wojii* **(4)**, *M. sanderiana, M. striata*).

Les *Maxillaria* les plus commercialisés proviennent des régions subtropicales, originaires des forêts semi-persistantes du Sud-Est brésilien (*M. picta* **(5)**, *M. porphyrostele*) et du Sud mexicain (*M. tenuifolia, M. variabilis* **(6)**). Ce sont des espèces qui connaissent des saisons bien marquées : une période estivale chaude et pluvieuse et une période hivernale fraîche, plus sèche avec beaucoup de lumière du fait des arbres caducs. On les cultive assez facilement en appartement ou à la maison.

7. *Maxillaria* Sangay

Elles nécessitent une exposition lumineuse, une température de 18 à 25 °C pendant la période de croissance et de floraison avec des arrosages réguliers. Entre novembre et janvier, elles apprécient une réduction de la température (13 à 18 °C), une diminution des apports hydriques sans laisser complètement sur le sec, jusqu'à la floraison en fin d'hiver. Ces espèces bénéficient particulièrement du séjour en extérieur pendant l'été : des plantes réfractaires à la floraison peuvent ainsi se mettre à fleurir à la rentrée dans la serre ou à la maison.

Le genre *Maxillaria* a été peu hybridé : l'entreprise équatorienne Ecuagenera a produit nombre de croisements ces dernières années, notamment le très florifère *Maxillaria* Sangay (*pulla* x *striata* **(7)**) datant de 2005. À titre personnel, j'ai réussi quelques belles hybridations tel *Maxillaria* Nadine (*nutans* x *striata* **(8)**) enregistré en 2018.

8. *Maxillaria* Nadine

Les Miltoniopsis

LES « ORCHIDÉES PENSÉES » SONT PLUS CONNUES SOUS L'UN DE LEUR PRÉCÉDENT NOM LATIN, *MILTONIA*. ELLES SONT ENCORE ÉTIQUETÉES COMME TELLES DANS LE COMMERCE COURANT.

Le genre *Miltoniopsis* [étymologie : qui ressemble à *Miltonia*] a été créé en 1889 par l'orchidéiste et botaniste français Alexandre Godefroy-Lebeuf (1852-1903) mais n'a officiellement été accepté qu'en 1976. Il se distingue du précédent genre par la morphologie de ces plantes qui sont cespiteuses, aux pseudobulbes unifoliés et aux fleurs planes.

C'est un genre d'orchidées épiphytes ou terrestres, dont les 5 espèces se rencontrent dans les forêts humides de montagne du sud de l'Amérique centrale (Costa Rica et Panama) et de la moitié nord de l'Amérique du Sud (Colombie, Équateur, Pérou, Venezuela). Ce sont des plantes sympodiales, compactes, avec des pseudobulbes unifoliés, entourés de plusieurs gaines foliacées, produisant des inflorescences avec 2 à 9 fleurs plates de 3 à 5 cm d'envergure pour les plus modestes et 8 à 10 cm pour les plus grandes. Leurs fleurs ont un coloris remarquable, généralement blanc ou rose, avec un labelle et des pétales qui portent des taches jaunes ou des macules pourpre violacé, souvent agréablement odorantes. Les motifs colorés à la base du labelle sont appelés des « masques » **(1)**.

Les *Miltoniopsis phalaenopsis* et *Miltoniopsis vexillaria* sont à l'origine de nombreux hybrides très remarquables (**2 et 3**). Ce dernier, avec ses délicates fleurs d'un beau coloris rose, avait été qualifié en 1873 de « Reine des Orchidées » par le botaniste anglais Joseph Dalton Hooker (1817-1911).

Leur culture se fait préférentiellement en climat tempéré à frais en fonction des espèces, tempéré-frais pour la plupart des hybrides (13 à 15 °C la nuit - 18 °C le jour) que l'on doit préférer pour la culture en intérieur. Ces orchidées ont besoin de lumière tamisée, d'une hygrométrie assez élevée et d'air ventilé. On les rempote tous les deux ans dans un substrat à base de sphaigne et d'écorces de pin fines ou dans un « terreau à orchidées » qui contient de l'écorce de pin. L'arrosage et la fertilisation se font toute l'année, en réduisant un peu ces apports en période hivernale. Ce sont des plantes de culture assez facile, mais que l'on aura de la difficulté à conserver à la maison ou dans un appartement si l'on ne dispose pas d'une pièce un peu fraîche pendant la nuit.

1. La remarquable coloration centrale de la fleur des *Miltoniopsis* est appelée un « masque ».

2. Une présentation de *Miltoniopsis* hybrides au Chelsea Flower Show en 2010 par la Fondation Eric Young de Jersey.

3. *Miltoniopsis* Haute Tombette

Les *Oncidium*

LE GENRE *ONCIDIUM* REGROUPAIT PRÈS DE 800 ESPÈCES, IL Y A ENCORE QUELQUES ANNÉES DE CELA. SUITE À DE RÉCENTES ÉTUDES TAXONOMIQUES, CERTAINES D'ENTRE ELLES ONT ÉTÉ DÉPLACÉES DANS D'AUTRES GENRES, COMME LES *PSYCHOPSIS* OU LES *TRICHOCENTRUM*, ET CERTAINS GENRES ONT ÉTÉ INCLUS AVEC LES *ONCIDIUM*, TELS LES *ODONTOGLOSSUM*. BREF, DE QUOI Y PERDRE SON LATIN ! AUJOURD'HUI, SUR LE SITE DE RÉFÉRENCE INTERNATIONAL, KEW MONOCOTS CHECKLIST, QUI RECENSE TOUTES LES ESPÈCES D'ORCHIDÉES DÉCRITES, LES NOMS VALIDES ET LES NOMS SYNONYMES, IL RESTE 376 ESPÈCES, VARIÉTÉS ET HYBRIDES NATURELS RECONNUS POUR CE GENRE.

1. Un *Odontoglossum*, aujourd'hui renommé *Oncidium*, in situ dans les Andes équatoriennes.

2. *Oncidium hastilabium*

Les *Oncidium* sont originaires de l'Amérique tropicale. Ce sont des orchidées que l'on rencontre fréquemment dans la nature **(1)**, à des altitudes variant du niveau de la mer jusqu'à plus de 3000 mètres. Elles sont pour la plupart épiphytes, mais également lithophytes ou terrestres.

Pour faire simple, ce sont des plantes que l'on peut diviser en deux catégories : celles qui ont des pseudobulbes avec des feuilles longues et souples produisant une myriade de petites fleurs sur de longues inflorescences, et celles qui en l'absence de pseudobulbe ont acquis des feuilles épaisses et coriaces, développant des inflorescences courtes avec moins de fleurs, mais plus grandes que les précédentes. Leur culture est radicalement différente.

La culture des *Oncidium* à pseudobulbes et aux feuilles souples se fait essentiellement en climat tempéré (17 °C la nuit - 22 °C le jour toute l'année). Quelques espèces montagnardes peuvent nécessiter des températures un peu plus fraîches, tel *Oncidium hastilabium* **(2)** de Colombie. Ces orchidées apprécient une bonne luminosité et une hygrométrie élevée, mais veillez à donner de l'aération régulièrement. Ce sont des plantes assez coriaces, très vigoureuses et faciles à tenir en culture. Les principales espèces sont *Oncidium altissimum*, *O. ampliatum* **(3)**, *O. baueri*, *O. divaricatum* **(4)**, *O. phymatochilum* et *O. sphacelatum* **(5)**.

3. *Oncidium ampliatum*

4. *Oncidium divaricatum*

5. *Oncidium sphacelatum*

Les *Oncidium* sans pseudobulbes et à feuilles épaisses, appelés à «oreilles d'âne» de par leur forme lancéolée, préfèrent des expositions très lumineuses : certaines espèces sont de climat chaud (18-25 °C toute l'année) comme *Oncidium carthagenense* **(6)** de Colombie; d'autres sont de climat frais (10 à 15 °C l'hiver, 17 à 22 °C l'été), tel *Oncidium cavendishianum* **(7)** du Mexique, nécessitant un repos de végétation avec très peu d'arrosage entre novembre et février. Cette catégorie d'*Oncidium* peut être de culture délicate : leur croissance s'avère très lente et ils craignent les pourritures racinaires.

Le coloris des fleurs d'*Oncidium* tire surtout sur le jaune vif, souvent taché ou maculé de marron. On trouve aussi du blanc pur, du rose, du rouge vif et de l'orange. Les odeurs émises par ces fleurs s'avèrent souvent très agréables et sucrées. La longue persistance des fleurs et leurs coloris éclatants ont beaucoup intéressé les orchidéistes, mais ces plantes ont souvent le défaut de devenir volumineuses : nombre de croisements spécifiques et intergénériques ont été réalisés afin d'obtenir des plantes de taille plus compacte et florifères (*Oncidium* Twinkle, *Oncidium* Sharry Baby).

6. *Oncidium carthagenense*

7. *Oncidium cavendishianum*

Les Paphiopedilum

LE GENRE *PAPHIOPEDILUM* COMPREND QUELQUE 183 ESPÈCES, VARIÉTÉS ET HYBRIDES NATURELS, TOUS ORIGINAIRES DE L'ASIE TROPICALE ET DE L'OCÉANIE. CE SONT DES PLANTES À LA PHYSIONOMIE PARTICULIÈRE, À TEL POINT QUE CERTAINS BOTANISTES LES CLASSENT DANS LA FAMILLE DES CYPRIPÉDIACÉES, PROCHE DES ORCHIDACÉES.

Il faut dire que la morphologie de leurs fleurs est déroutante : les deux sépales inférieurs ont fusionné pour donner un « synsépale » (parfois un accident végétatif nous montre les deux sépales séparés) ; le sépale supérieur est très développé et plus coloré que le précédent, ce qui lui vaut le nom de « pavillon » ; les pétales latéraux sont bien souvent ovales-elliptiques ou linéaires, droits ou vrillés, ondulés ou contournés, avec des poils ou des verrues ; le pétale inférieur ou labelle a une curieuse forme de poche ou de sac, de sorte que les Chinois les nomment « *Dou Lan* » ou « orchidée poche », partie que l'on appelle en Occident le « sabot » ; la colonne réunit une surface stigmatique et deux masses polliniques de part et d'autre, protégées par un staminode qui correspond à la modification de la troisième pollinie.

Le premier « sabot-de-Vénus » exotique, *Paphiopedilum venustum* **(1)**, fut découvert par le naturaliste Nathaniel Wallich (1786-1854) en 1816 au Sylhet, aujourd'hui Bangladesh. Il fut suivi en 1820 par *Paphiopedilum insigne* **(2)**, en provenance du nord-est de l'Inde, qui a été certainement l'une des espèces les plus cultivées et les plus hybridées pendant une centaine d'années en Europe. Les *Paphiopedilum* ont été très en vogue pendant la Belle Époque, notamment en France, et certains spécimens ont atteint des prix extravagants lors de ventes aux enchères, tel ce *Paphiopedilum* Germaine Opoix vendu à Londres en 1909 quelque 294 livres sterling, soit l'équivalent de 20 000 euros aujourd'hui !

1. *Paphiopedilum* venustum

2. *Paphiopedilum* insigne

3. Un lot de *Paphiopedilum* hybrides complexes présentés par la Fondation Eric Young au London Orchid Show en 2015.

4. *Paphiopedilum* Pinocchio

5. *Paphiopedilum concolor*

6. *Paphiopedilum fairrieanum*

De nos jours, ce genre connaît moins la faveur des Français, au contraire des orchidophiles anglo-saxons. On peut reprocher l'aspect rigide des fleurs chez certains hybrides complexes **(3)**, pourtant il y a une telle diversité de formes et de couleurs que l'on ne peut que trouver un spécimen à son goût. De plus, les fleurs ont souvent une texture cireuse qui leur assure une bonne longévité, de plusieurs semaines à trois mois généralement. Les *Paphiopedilum* sont soit uniflores, une seule fleur au bout du pédoncule floral (les autres boutons ont avorté), soit pluriflores avec une ouverture échelonnée des fleurs, de la base vers l'extrémité, pouvant durer ainsi plus de six mois (P. *Pinocchio*) **(4)**.

Les *Paphiopedilum* sont des orchidées sympodiales, assez compactes, sans pseudobulbe, généralement terrestres de sous-bois, parfois épiphytes ou lithophytes sur des rochers et falaises calcaires. Cela nous indique qu'il faudra tenir compte de leur origine naturelle pour adapter le pH du substrat de culture : la plupart des espèces sont acidophiles, certaines calcicoles. En cela, les hybrides offrent l'avantage de l'indifférence, s'adaptant généralement à des milieux de pH neutre ou légèrement acide. Ils se répartissent du niveau de la mer (*P. concolor* **(5)**) jusqu'à des altitudes de plus de 2200 mètres *(P. fairrieanum* **(6)**).

7. *Paphiopedilum wilhelminiae* in situ dans la vallée de la Baliem, en Papouasie occidentale.

On distingue deux sortes de *Paphiopedilum* caractérisés par leur feuillage distinctif, correspondant à une adaptation à leur biotope : ceux au feuillage vert uniforme, un peu épais, supportent une vive lumière, voire le plein soleil dans les zones herbeuses (*P. wilhelminiae* **(7)**) ; ceux au feuillage tesselé, c'est-à-dire marqué de zébrures plus ou moins régulières, et de texture fine préfèrent une luminosité plus faible en milieu forestier.

Ces orchidées particulières ont la réputation d'être de culture difficile. Préférez les hybrides qui sont très adaptables aux conditions environnementales par rapport aux espèces plus exigeantes sur la qualité de la lumière et les températures.

Les *Paphiopedilum* se cultivent en climat tempéré (*P. druryi, P. rothschildianum* **(8)**), en climat tempéré-frais (*P. hirsutissimum*), quelques-uns en climat frais (*P. fairrieanum, P. insigne*). Les espèces à feuillage vert seront tenues à une exposition très lumineuse, tandis que celles à feuillage tesselé nécessitent un ombrage conséquent. Une hygrométrie élevée (60-80 %), une aération fréquente du lieu de culture et une ventilation régulière complètent les consignes de gestion climatique. L'arrosage doit être bien surveillé, à raison de deux ou trois fois par semaine. L'hydratation des plantes ne doit pas faire défaut pendant les mois les plus chauds. Il ne faut pas hésiter à bassiner les plantes des climats tempéré-frais et frais pendant la saison estivale.

8. *Paphiopedilum rothschildianum*

9. *Paphiopedilum micranthum* dans la collection du Jardin du Luxembourg à Paris

La fertilisation se fera chaque semaine en été, puis réduite à tous les quinze jours en hiver. Il n'y a pas de repos de végétation pour ce genre d'orchidée, mais on veillera aux excès d'arrosage entre novembre et février.

Les rempotages se font tous les deux ans. Le choix du substrat varie selon les plantes et les cultivateurs : généralement, on emploie un mélange d'écorces de pin de calibre moyen avec des billes d'argile expansée. Dans ce cas, il est bon d'augmenter un peu le pH en ajoutant 10 g de dolomie (amendement calcaire naturel) par litre d'écorce. Pour certaines espèces calcicoles (*P. malipoense*, *P. micranthum* **(9)**), on peut ajouter quelques graviers calcaires au mélange.
Les « terreaux à orchidées » peuvent aussi convenir s'ils contiennent au moins un tiers d'écorces de pin. Un mélange sphaigne-écorces de pin donne de bons résultats pour les espèces de climat frais nécessitant plus d'humidité au niveau des racines.

Depuis le premier hybride, *Paphiopedilum* Harrisianum, ayant fleuri en 1869 chez Veitch en Angleterre, ce genre a fait l'objet de multiples croisements tant par des orchidéistes que par des amateurs chevronnés. Au Jardin du Luxembourg à Paris, les jardiniers ont participé à cette recherche de la nouveauté : *Paphiopedilum* Mademoiselle Alice Gayot fut obtenu en 1885 et l'hybridation continue de nos jours encore. Le Jardin du Luxembourg possède la collection nationale des *Paphiopedilum* avec quelque 10 000 spécimens représentant plus de 400 taxons, tel que *Paphiopedilum* La France (Nitens x *niveum*), un hybride de 1892.

Les Vanda

LE GENRE *VANDA* COMPREND 35 ESPÈCES ORIGINAIRES DE L'ASIE TROPICALE, DE L'OCÉANIE ET DE L'AUSTRALIE. CE SONT DES ORCHIDÉES MONOPODIALES, AUX FEUILLES RIGIDES MAIS AUX FLEURS SOMPTUEUSES, TEL CE *VANDA* CULTIVÉ DANS UNE PÉPINIÈRE VIETNAMIENNE. **(1)** VIVANT ESSENTIELLEMENT EN ÉPIPHYTES, COMME POSÉES SUR LES BRANCHES DES ARBRES, LEURS LONGUES RACINES LEUR PERMETTENT DE CAPTER L'HUMIDITÉ DE L'AIR ET DE S'EN NOURRIR. AUSSI LES *VANDA* S'AVÈRENT RÉFRACTAIRES À LA VIE EN POT, CE QUI EXPLIQUE LEUR CULTURE PRÉFÉRENTIELLEMENT EN PANIER.

1. Un remarquable *Vanda* hybride cultivé dans une pépinière à Sa Déc, au Vietnam.

Vanda roxburghii décrit en 1820 par le botaniste anglais Robert Brown fut la première espèce cultivée en Europe mais la plus connue de toutes est sans conteste *Vanda coerulea* avec ses remarquables fleurs variant du bleu foncé au bleu lavande. Ce dernier a été l'objet de nombreux croisements, apportant en contribution un coloris inhabituel chez les orchidées : *Vanda* Rothschildiana (*sanderiana* x *coerulea*) créé en 1931 est encore le plus célèbre de tous. Si l'hybridation et la multiplication des *Vanda* est surtout l'apanage des horticulteurs asiatiques, l'orchidéiste américain Martin Motes se révèle l'un des meilleurs spécialistes de ces plantes et un obtenteur hors pair.

La culture des *Vanda* se pratique généralement en climat tempéré ou chaud (18 °C la nuit, 22 à 25 °C le jour en période hivernale), avec une très grande luminosité mais sans soleil direct (jusqu'à 40 000 Lux), une hygrométrie assez forte (60-80 %) et un brassage de l'air si possible. Le rempotage se pratique tous les deux ans à trois ans si les plantes sont tenues en pot, autrement celles cultivées en panier ne sont reprises que si nécessaire. Le substrat à disposer dans les pots et paniers sera très drainant, composé en grande partie d'écorces de pin de gros calibre (20-40 mm) additionnées de sphaigne.

2. Le système racinaire des *Vanda* : le vélamen gris-blanchâtre deviendra vert après son humectation. On voit la coiffe rouge ou zone de croissance de la racine

Les plantes doivent être maintenues par un tuteur enfoncé dans le pot le temps que les racines s'installent et tiennent la plante, ou bien attachées aux tringles de suspension du panier. L'arrosage et la fertilisation s'appliquent toute l'année pour assurer une bonne croissance. Les bassinages ou brumisations des racines se feront quotidiennement pendant la belle saison. Pour être efficaces, ils doivent se réaliser en deux temps avec une eau très pure : un premier bassinage alors que les racines sont de couleur grise puis un second bassinage dix minutes plus tard et les racines deviennent vertes, signe de leur bonne réactivité **(2)**.

Les plantes que l'on achète en panier peuvent être aisément conservées en intérieur dans des grands vases tubulaires en verre dans lesquels on maintient un fond d'eau non calcaire. Les racines y trouveront ainsi l'humidité nécessaire à leur subsistance.
Les *Vanda* produisent de somptueuses fleurs aux coloris remarquables dont le «vrai bleu», souvent agréablement odorantes, tels *Vanda brunnea* et *Vanda tricolor* **(3)**, et qui persistent longuement. Ce sont des orchidées très tendance qui ont la faveur des décorateurs d'intérieur **(4)**.

3. *Vanda tricolor*

4. *Vanda* hybride : les fleurs aux formes rondes et aux coloris contrastés ont la faveur des décorateurs et des fleuristes.

Les Zygopetalum

LES *ZYGOPETALUM* OU « ORCHIDÉES JACINTHE » SONT DES ORCHIDÉES ÉPIPHYTES ET/OU TERRESTRES DE L'AMÉRIQUE DU SUD ; ORIGINAIRES DU BRÉSIL PRINCIPALEMENT ET DES PAYS ADJACENTS (ARGENTINE, BOLIVIE, PARAGUAY, PÉROU). ON CONNAÎT 14 ESPÈCES, VIVANT DANS LES FORÊTS HUMIDES DE MOYENNE MONTAGNE, GÉNÉRALEMENT ENTRE 1000 ET 2000 MÈTRES D'ALTITUDE.

La toute première espèce que l'on vit en Europe fut *Zygopetalum maculatum* **(1)**, introduite du Brésil en Angleterre en 1826 par Mr Mackay du Jardin botanique de Dublin. Elle a été décrite par le botaniste anglais Joseph Dalton Hooker avec le nom *Zygopetalum mackayi*, aujourd'hui synonyme. Cette orchidée connut un grand succès de par ses fleurs bleu violacé au puissant parfum évoquant celui de la jacinthe. Elle a été utilisée comme plante-mère pour obtenir un premier hybride horticole en 1874 : *Zygopetalum* Sedenii est issu du croisement avec *Zygopetalum maxillare*, réalisé par le jardinier Seden pour les Établissements Veitch.

De nos jours, on recense environ 90 hybrides artificiels **(2)**. Les coloris sont à dominante de bleu, violet et pourpre. *Zygopetalum* Artur Elle (Blackii x B. G. White), créé en 1969, reste l'une des plus belles obtentions avec ses sépales et pétales vert foncé maculés de marron et un labelle violet. Des hybrides intergénériques ont été également réalisés, tel ce *Zygolum* Louisendorf (*Zygosepalum labiosum* x *Zygopetalum* Artur Elle) enregistré en 2004.

1. *Zygopetalum maculatum*

2. Un *Zygopetalum* hybride que l'on trouve dans le commerce courant : une floraison de plusieurs semaines avec des fleurs très agréablement parfumées.

3. *Zygopetalum crinitum*

Les trois espèces les plus remarquables et les plus cultivées sont *Zygopetalum* crinitum **(3)**, *Zygopetalum maculatum* et *Zygopetalum maxillare* **(4)**. Ce dernier, dont les fleurs ne sont pas odorantes, a la particularité d'avoir des rhizomes rampants qui portent les pseudobulbes à distance : on doit le tenir dans une terrine.

La culture des *Zygopetalum* s'avère assez facile : ces orchidées préfèrent un climat tempéré-frais (13 à 15 °C la nuit - 18 °C le jour), en situation ombragée, une hygrométrie élevée avec une ventilation régulière, des arrosages copieux pendant la période de croissance et de floraison mais avec un allègement des apports après la formation des pseudobulbes. On peut les cultiver dans un substrat composé d'écorces de pin et de billes d'argile expansée, mais on aura un meilleur résultat avec un mélange sphaigne-écorces de pin.

Les *Zygopetalum* fleurissent en fin d'hiver et au printemps : leurs inflorescences puissamment odorantes perdurent plus d'un mois.

4. *Zygopetalum maxillare*

Pour aller plus loin

Les livres consacrés aux orchidées, écrits en français, ont longtemps fait défaut. Depuis une vingtaine d'années, de multiples ouvrages ont été publiés, soit traitant d'un seul genre ou au contraire plus généralistes. Je ne peux les citer tous mais je recommande particulièrement ces deux publications :

- ***Un amour d'orchidée, le mariage de la fleur et de l'insecte*** par Albert Roguenant, Aline Raynal-Roques et Yves Sell, aux Éditions Belin (2005)
- ***Encyclopédie des orchidées tropicales*** par Pascal Descourvières, aux Éditions Ulmer (2011)

Afin de mieux connaître le « monde des Orchidées », vous devez aller à la rencontre des professionnels et des amateurs qui exposent régulièrement leurs plantes dans toutes les régions de France. Ce sont des amoureux passionnés de ces belles tropicales et ils ne manqueront pas de vous donner avec plaisir moult conseils pour les cultiver.

Enfin, la Fédération France Orchidées (FFO) s'est donné pour but de promouvoir et protéger les orchidées indigènes et exotiques. Elle regroupe 24 associations régionales et comprend plus de 1800 membres. Elle publie une très belle revue trimestrielle, L'*Orchidophile*, avec des articles rédigés par des spécialistes.

Remerciements

Mes remerciements vont à Nadine Binbassa et Patricia Bruant qui ont été les premières lectrices de cet ouvrage et ont contribué à son amélioration grâce à leurs remarques pertinentes.

Je remercie également Dimitri Bonte et Vincent Oger pour leur accueil au sein de leur établissement « Les Orchidées du Val d'Yerres » à Brunoy, dans l'Essonne. Ils y proposent un très beau choix d'orchidées parfaitement cultivées ainsi que des Broméliacées et des plantes carnivores.

Merci au Professeur Elliot W. Kitajima, de l'Université de São Paulo au Brésil, pour le prêt de la photo de *Brevipalpus*.

Légendes des photos de couverture : Première : *Eulophia guineensis ;*
Quatrième, de gauche à droite : *Epidendrum patens , Cattleya labiata , Osmoglossum pulchellum*

Direction d'édition : Thierry Lamarre
Édition : Adeline Lobut
Textes et photographies : Pascal Sauvêtre (sauf p. 78 photo 2)
Correction-révision : Isabelle Misery
Conception graphique, mise en pages et couverture : Either/Damien Payet

Éditions Massin
Publiées par Société d'Information et de Créations - SIC
Une société de Marie Claire Album
10 bd des Frères Voisin - 92792 Issy-Les-Moulineaux CEDEX 9 – France
Tél. 01 41 46 88 88
RCS Nanterre 302 114 509
SARL au capital de 822.000 euros

ISBN : 978-2-7072-1278-8
N° Éditeur : 38369
Imprimé par Rotolito, Roumanie
Dépôt légal : septembre 2022.

www.sotrendoo.com